隆

Arimori Takashi

幕敗 A 型

さくら舎

目次◆海外大型M&A 大失敗の内幕

第1章 武田薬品工業――グローバル化を急ぐ落とし穴

▼米バイオ医薬品ミレニアム社、スイス製薬会社ナイコメッド社の買収

第2章 ブリヂストン――権限委譲が招いた蹉跌《さてつ》

▼米ファイアストンの買収

第3章　ソニー——買収事業のマネジメントを丸投げ

第4章 三菱地所――日本流の投資判断は通用せず

▼米ロックフェラー・センターの買収

第5章

松下電器産業──戦略なき財テク買収の末路

▼米映画会社ＭＣＡの買収

第6章

日本たばこ産業――海外巨額M&Aの代償

▼米RJRナビスコ海外たばこ事業、英たばこ会社ギャラハーの買収

第7章　日本板硝子――グローバル経営の人材・力量不足

▼英ピルキントン社の買収

第8章

第一三共――〝ババ〟をつかまされた調査能力の欠如

▼インド製薬大手ランバクシー社の買収

第9章 キリン——M&Aで売上高達成の目論見ならず
▼ブラジルのビール会社スキンカリオール社の買収

海外大型Ｍ＆Ａ　大失敗の内幕

第１章　武田薬品工業――グローバル化を急ぐ落とし穴

▼米バイオ医薬品ミレニアム社、スイス製薬会社ナイコメッド社の買収

初の外国人社長に反発する創業家・ＯＢ

二〇一四年六月二七日。武田薬品工業は、大阪市浪速《なにわ》区の大阪府立体育館（ＢＯＤＹＭＡＫＥＲコロシアム）で定時株主総会を開いた。

一七八一年（天明《てんめい》元年）の創業以来、初めての外国人社長を選ぶ総会だ。英製薬大手グラクソ・スミスクライン出身のフランス人、クリストフ・ウェバーらを取締役に選任する議案を審議した。ウェバーは、四月に最高執行責任者（ＣＯＯ）として武田薬品に入社していた。

「外資の乗っ取りだ」と反発した創業家の一部やＯＢ株主一一二人が結成した「タケダの将来を憂う会」が、社長の長谷川《はせがわ》閑史《やすちか》が進めてきた米バイオ医薬品企業ミレニアム社（ミレニアム・ファーマシューティカルズ）やスイスの製薬会社ナイコメッド社という大型買収を疑問視する、七項目からなる

質問状を事前に提出していたため、「創業家の反乱」と大騒ぎになった。

午前一〇時にはじまった総会では、議長をつとめる長谷川が、質疑に入る前に三〇分超の時間をかけて質問に回答した。

同社はホームページで長谷川社長の回答を公開した。

ウェバーの社長起用については、「当社があらゆる面においてグローバルに競争力のある会社になるためには、国籍や人種にかかわらず、グローバルに通用する人材をキーポジションに就ける必要がある。クリストフ・ウェバー氏の選定は、日本人を含む複数の候補者の中から、グローバル企業であるタケダをリードする人材としてもっとも相応《ふさわ》しいとの判断でおこなった」と説明した。

外資の乗っ取りについては、「ウェバー氏の社長就任と外資による買収リスクが高まるということを、どう関連づけて質問しているのかわからない」と一蹴《いっしゅう》した。

「憂う会」が「失敗だった」とするミレニアム社とナイコメッド社の大型買収については、「成長確保・成長回復のための施策であり、現にその目的を果たしている。買収は成功だった」と真っ向から反論した。

武田薬品の利益が減少している主たる原因は、買収の結果ではなく、業績を牽引《けんいん》していた四つの医薬品の特許切れや自社品比率の低下による「構造的な変化」、と長谷川は説明した。

総会の最後に一人の株主が質問に立った。「武田でございます」と名乗ったその株主は、創業家一族の一人。彼はこう質問した。

〈「本当に順風満帆《まんぱん》。報道などでは心配事もいっぱいあるが、今日の長谷川社長を見れば心配事はまったくない。素晴らしい将来が期待できる。だが、もしそれが実行できなかったら総退陣する覚悟はあるのか」〉(注1)

褒《ほ》め殺しである。

〈創業家が突きつけた覚悟に、長谷川氏は「経営者はコンプライアンス(法令遵守《じゅんしゅ》)を守って結果を出すのがすべて。実績が期待通りに上げられなければ、そこで責任を取るのは当然。ウェバーもそういう気持ちで社長就任を引き受ける」と応じざるを得なかった〉(同前)

総会は「憂う会」の質問に対する長谷川の回答で白熱したため、所要時間は過去最高の三時間四分におよんだ。出席した株主数は四一四一人で、前年の二七〇五人を五割も上回った。

採決の結果、クリストフ・ウェバーの取締役選任を含む七つの議案すべてが承認された。ウェバーの賛成の割合は九〇・三六%、会長になる長谷川のそれは八九・二九%だった。

長谷川閑史・会長兼最高経営責任者(CEO)とクリストフ・ウェバー・社長兼最高執行責任者(COO)の新体制がスタートした。

二兆円の外資買収は失敗だったのか

二〇一三年一一月三〇日。長谷川閑史はクリストフ・ウェバーを二〇一四年六月の株主総会で代表取締役社長兼COOに招き、その一年後にCEOのポストを譲ると発表した。「老舗《しにせ》に初の外国人社長」と話題を集めた。

二三三年の歴史を誇る武田薬品に、青い目の社長が誕生する。創業家一族やOBらは二〇一四年二月初めに「タケダの将来を憂う会」を結成した。

会をとりまとめたのは、原雄次郎《はらゆうじろう》と須藤晃《すどうあきら》である。

原は戦時中に武田薬品と合併した小西新兵衛商店の創業家の子孫。武田薬品の三代目社長小西新兵衛の甥《おい》で、武田薬品旧清水工場長、武田薬品不動産社長などをつとめた長老である。須藤も小西新兵衛商店の創業一族だ。

原らは二月下旬に社長の長谷川に面会。米ミレニアム社やスイスのナイコメッド社など計二兆円の大型買収が業績に結びついていない点を指摘し、長谷川ら執行部の退陣、ウェバーの社長起用の見送りを求めた。

長谷川はこの場では回答せず、原らは、その後も面会を求めたが、結局、実現しなかった。

このため、四月末に「定時株主総会の事前質問状」を送付した。次の七項目だ。

①米バイオ企業ミレニアム・ファーマシューティカルズ買収の失敗に対する責任の所在
②スイスの製薬会社ナイコメッド買収の失敗に対する責任の所在
③グローバル化の在り方、および国内技術者のモチベーションが低下する経営への疑問
④長谷川閑史社長の後任に外国人であるクリストフ・ウェバー氏を選んだことへの疑問

⑤外国人が多く占める経営幹部会議を重視して取締役会が形骸《けいがい》化していることへの疑問
⑥高率の配当金を継続することにより財務が悪化することへの懸念《けねん》
⑦糖尿病薬「アクトス」に関して、米連邦地方裁判所が武田に六〇億ドルの賠償を命じた陪審《ばいしん》評決への対処と責任の所在

原らの主張は、要約すると、ミレニアム社とナイコメッド社の二兆円買収は失敗だった。誰が責任を取るのか、ということと、外国人社長就任に反対する、である。

「ウェバー氏が社長になり、武田薬品が海外の有力大手に買収される事態になれば、きわめて優良な創薬技術が国外に流出する可能性が発生する。武田薬品の研究者の社外流出が危惧《きぐ》され、結果的には電器産業大手の二の舞になる」と警告した。

ウェバーの社長就任を「外資の乗っ取り」と断じ、「財務と研究開発を外国人に任せることは、決して許してはいけない」と力説した。

「時価総額の低い優良企業」という弱み

製薬業界は「創業家の乱」の話題でもちきりだった。

武田家本家にあたる前社長の武田國男《たけだくにお》は乱には、直接、関与していない。國男は二〇〇九年六月の株主総会で取締役を退任し、相談役や顧問にもつかず、一株主になった。

総会で國男は「私の仕事はすべて終わった」と挨拶《あいさつ》した。いさぎよい引き際として、絶賛された。

創業家一族の武田國男がもっとも恐れたのは、外資による乗っ取りである。巨大外資からのＭ＆Ａ（合併・買収）を防止するため、世界のトップテン入りをめざした。

國男の後を継いだ長谷川は、二兆円を投じ米ミレニアム社やスイスのナイコメッド社を買収したが、それでも悲願としてきたトップテン入りには手が届かない。

製薬業界では、年商一〇〇〇億円超の医薬品を「ブロックバスター」と呼ぶ。

世界の大手医薬品メーカーでは、二〇一〇年前後に自社のブロックバスターの米国での特許が相次いで失効した。トップのファイザーは最主力製品の高脂血症薬リピトールの特許が切れて、一割以上の減収になった。

欧米のメガファーマ（巨大製薬企業）は、成長軌道に戻す手っ取り早い方法として、Ｍ＆Ａを選択した。狙われるのは、競争力があって時価総額の低い優良企業だ。

この条件にピッタリなのが、武田薬品だった。欧米のメガファーマが武田薬品を買収のターゲットにしているという情報は、何度となく流れた。

武田薬品は国内では最大だが、世界市場では準メガファーマ扱いだ。「買収する」側ではなく、つねに「買収される」側だった。

外国人が経営トップになれば、いつメガファーマから買収提案されても不思議ではない。条件さえ合えば、売るかもしれないのだ。

情報誌『ＦＡＣＴＡ』（二〇一四年七月号）は、國男と親交がある製薬会社の幹部の話を伝えている。

〈長谷川が外国人を後継社長に指名したと聞いて、「武田を成長させてくれと頼んだが、外国人に売り渡せとは言ってない」と漏らしたという〉（注２）

お家騒動にしたくないため、國男は、ずっと長谷川への批判を封印してきた。國男の憤《いきどお》りの声が伝わってきたのは、これが初めてだ。外国人社長をスカウトしたことで、長谷川は〝虎の尾〟を踏んでしまった。

総大将の武田國男は、騒動の表面には出てこないが、武田家の家の子郎党《ろうどう》による反乱であることは、疑いようのない事実である。

社内きっての国際派・長谷川閑史

武田國男が後継者に選んだ長谷川閑史は、一九四六年六月一九日、山口県日置町《へきちょう》（現・長門市《ながと》）に生まれた。一九七〇年、早稲田大学政治経済学部を卒業、武田薬品工業に入社した。

長谷川は、かつて妻に「課長ぐらいにはなれるだろう」と言ったというが、国際畑を歩いてきたことが出世の糸口となった。四〇歳から、つごう一三年間、ドイツと米国で働いた。ドイツに三年、米国には一〇年である。

二〇〇三年六月に、武田薬品工業の八代目社長に就任した。日本に戻ってから四年半後のことだ。

武田國男は長谷川を後継社長に選んだ理由として「派閥《はばつ》や学閥の意識がないこと」を挙げた。海外での生活が長く、社内での人間関係のしがらみがない点を買ったわけだ。

武田薬品きっての国際派を任じていた長谷川は、國男から社長就任の要請を受けたとき「私は私で（社長になっても）変わりませんけれど、それでよろしいですね」と念を押したと伝わっている。

長谷川が海外勤務で身につけたものは、論理的思考である。特に一〇年間の米国生活で、徹底的に鍛えられた。

欧米ではロジカルに説明しないと、人も組織もまったく動かない。日本人は以心伝心にあわい期待を寄せ、理屈《りくつ》っぽい人間を毛嫌いする。英語によるロジック使いの達人である長谷川は、だから、異邦人扱いをされた。日本人の顔をした米国人、というわけだ。

自分は社長になっても米国流を押し通します。それで、社内に摩擦《まさつ》が生じてもかまわないですねと、武田に念を押したのだ。

しかし、國男が会長を辞任する二〇〇九年六月までの六年間、武田薬品の顔は國男であり、長谷川の影は薄かった。

主力薬の特許切れがつづく経営危機

長谷川はカリスマ会長である國男の黒子《くろご》に徹していたが、「立つ鳥跡を濁《にご》さず」のスタイルで國男が武田薬品にバイバイしたときから、長谷川の時代がはじまる。

最高実力者となった長谷川が成長戦略として打ち出したのが、いかにも英語使いの名手らしい横文字のスローガンだった。ダイバーシフィケーションとグローバリゼーション。日本語に翻訳すると、多様化と世界化、となる。

「多様化とグローバル化なくして未来なし」とばかりに、長谷川は走り出した。取締役会の公用語を英語にするほか、グローバル人材の登用など、國男時代には受け入れられなかったはずの施策を次々と実現させた。

二〇一〇年を前後して特許が次々と切れ、売り上げが激減する「二〇一〇年問題」が、長谷川の背中を押した。武田薬品では、売上高一〇〇〇億円を超えるブロックバスターが、相次いで特許切れを迎えた。

糖尿病治療薬アクトス、高血圧治療薬ブロプレス、消化性潰瘍《かいよう》治療薬タケプロン、前立腺《ぜんりつせん》ガン治療薬リュープリン――。

かつて武田薬品は、この四つの創製新薬で年間一兆円の売り上げを達成し、わが世の春を謳歌《おうか》していた。いずれも自社製の大型薬だ。これをテコに、武田薬品は売上高営業利益率三割という高収益会社になっていた。

しかし、タケプロンは二〇〇九年に、アクトスは二〇一一年、ブロプレスは二〇一二年に米国で特許が切れる。

この危機をどうやって乗り切るのか。

長谷川が社長になるまで、武田薬品は本格的な企業買収を一度も経験したことがなかったが、ブロックバスター喪失《そうしつ》による業績の悪化を食い止めるために、M&Aに踏み切った。

二〇〇五年三月、二八〇億円を投じて米バイオベンチャー、シリックス社を買収した。これは、いわばM&Aの入学試験だった。手応えを確かめ、二〇〇八年から大型買収に突き進んでいった。

ガンに強いバイオ企業を八九〇〇億円で買収

二〇〇八年二月、世界最大のバイオ医薬品メーカー、米アムジェン社の日本法人を九〇〇億円で買収した。アムジェン社が持つガン治療薬など新薬候補一三品目の開発権が、この買収には含まれていた。

つづいて同年四月一〇日、米子会社を通じ、同じくバイオ医薬品企業の米ミレニアム・ファーマシューティカルズを八八億ドル（八九〇〇億円）で買収する、と発表した。ミレニアム社の全株式を、一株あたり二五ドルで株式公開買い付け（TOB）し、完全子会社にした。買収金額をすべて現金で支払う、リッチぶりを見せた。

四月一〇日、都内で記者会見した長谷川は、世界的製薬企業へ成長するため緊急に取り組む課題として、出遅れているガン領域に挑戦する必要があると説明した。

「ガン領域でリーディングカンパニーをめざすのに、質の高い研究・開発、販売機能を保有するミレニアム社はベストパートナーだと判断した」と語った。

ミレニアム社は主力製品に、多発性骨髄腫《こつずいしゅ》などに効くとされている抗ガン剤ベルケイドを持っている。ミレニアム社をガン領域の中核と位置づけ、ガン領域で世界トップスリーをめざすと宣言した。会見後、長谷川は記者団に対して、「(ガン領域のトップスリーは）二〇二〇年頃に達成したい」と述べた。

一兆一〇〇〇億円の無名メーカー買収にあがる批判

それから三年。二〇一一年五月一九日、スイスの製薬会社ナイコメッド社を九六億ユーロ（一兆一〇〇億円）で買収することで、大株主の投資ファンドと合意したと発表した。

ナイコメッド社の純資産は一五億ユーロ（一七〇〇億円）。ユーロ換算で純資産の六・四倍を投じるわけだ。いかに大きな買い物かがわかる。買収資金は、手元資金五七〇〇億円と六〇〇〇億円の借入金でまかなった。

九〇〇〇億円近い手元資金の六割以上を取り崩して、日本では無名に近い会社を買収するわけだ。社内外から批判の声が上がった。

二〇〇八年に買収した米ミレニアム社は、買収後、業績に寄与《きよ》していないため、投資家から厳しい批判を浴びていた。それでもガン領域を強化するという錦《にしき》の御旗《みはた》があったからわかりやすかった。利益が出ていれば、何の問題もなかった案件だった。

ナイコメッド社は有力な新薬候補を持っている会社ではない。社名さえ知らない同業者も多かった。

数社の製薬会社が統合した組織で、複数の投資ファンドが保有する非上場企業だった。

売上高は、日本円換算で三二〇〇億円。特許切れとなった新薬と同じ成分の薬をつくる後発医薬品が重要な収入源になっていて、ロシア、中国、ブラジル、トルコ、メキシコなどの新興国に強い。

新興国市場に強いというセールスポイントに、長谷川は飛びついた。

ミレニアム社の買収はブロックバスターの喪失という「二〇一〇年問題」を解決するための有効な手段になる、と説明してきたが、当初の買収対象はあくまで創薬メーカーだったはずだ。

ナイコメッド社の買収にあたり、長谷川はなぜ方針を大転換したのか。

減収・減益の穴埋め対策としての買収

長谷川がナイコメッド社の買収に踏み切ったのは、切羽詰《せっぱ》まった事情があったからにほかならない。

それを解くカギは、二〇一一年五月一一日に発表した三ヵ年の中期経営計画の中にある。

二〇一四年三月期の売り上げは、二〇一一年三月期比で一一%減の一兆二六〇〇億円、営業利益は三五%減の二四〇〇億円に落ち込む、との見通しを立てていた。

グローバル企業を標榜《ひょうぼう》する会社が、右肩下がりの経営計画を公表したのだ。恥さらしもいいところだ。「経営者失格」の烙印《らくいん》を押されても文句は言えない。

なぜこうなったのか。武田薬品最大のブロックバスターで、四番打者だった糖尿病治療薬アクトスが、米国でいよいよ特許切れを迎えるのだ。

米国での売上高が三〇六二億円（二〇一一年三月期）のアクトスは、武田薬品にとって、まさにドル箱だった。特許が切れれば、米ジェネリック医薬品（後発医薬品）参入がいっせいにはじまる。二〇一一年八月以降、売り上げの激減は避けられない。

過去の例だと、武田ではないが、特許切れになったブロックバスターの売り上げが一〇分の一になった極端な例もある。

アクトスの特許切れを織り込んだため、減収減益という屈辱《くつじょく》の中期経営計画を立てるしかなかったのだ。

この窮地《きゅうち》から脱するためには、新たな企業を取り込み、減収の穴埋めをするしかない。有望な創薬メーカーを探す時間的余裕がないほど、長谷川は追い込まれていた。

その焦《あせ》りから、ナイコメッド社の買収に飛びついた。あわてて買い急いだのだ。

ナイコメッド社の買収で、二〇一四年三月期が大幅な減収になる事態は、見かけ上回避できる。懸案だった、新興国や欧州の一部の販売網が手に入る。成長いちじるしい新興国市場に本格参入することで、新興国での売り上げを一気に八倍に引き上げる。

ナイコメッド社が強い営業基盤を持つロシアやブラジルで、武田薬品の独自製品の販売の道が開ける。武田がカバーする国は二八ヵ国から七〇ヵ国へ急拡大し、医療用医薬品の売上高ランキングで一六位から一二位に躍進する、とソロバンをはじいた。

長谷川の説明は、いいことずくめだったが、取らぬタヌキの皮算用だった。

巨額の「のれん」代が利益を圧迫

ナイコメッド社の買収について、アナリストたちが懸念《けねん》したことは、巨額な「のれん」代が発生することだった。

買収価格と被買収企業の純資産の差額が「のれん」代。ブランドなどの無形資産や買収先企業の保有資産と買収価格の差額のことである。

日本の会計基準では、「のれん」代は二〇年以内に一定の比率で償却することが定められているが、実際には五〜一〇年程度で償却している企業が多い。この「のれん」代の償却費の計上が、営業利益を減少させる原因になるのである。

武田の資産構成は、巨額買収がはじまった二〇〇九年三月期を境に様変わりした。

ミレニアム社の買収は、潤沢《じゅんたく》な手元資金でまかなった。米国事業の再編も重なり、ミレニアム社や統合した米国グループ会社が販売中の医薬品の特許権が、無形固定資産として計上された。

その結果、「のれん」代として二八四四億円が発生した。二〇〇八年三月期まで無形固定資産は非常に小さかったが、二〇〇九年三月期は「のれん」代と特許権を合わせて、七四七七億円にふくらんでいた。

損益決算書も劇的に変化した。二〇〇八年三月期の無形固定資産の償却費は、わずか一三億円にすぎなかった。

それが二〇〇九年三月期には、無形固定資産償却費（「のれん」償却費をのぞく）六八七億円、「のれん」償却費一四九億円を計上した。
以後、「のれん」の償却費が毎期計上され、利益をじわじわと圧迫した。

無借金から借金会社に様変わり

これにナイコメッド社の買収が重くのしかかる。無形資産である「のれん」代を大量に発生させるナイコメッド社の買収の影響を、経済専門誌はこう分析した。

〈ナイコメッドの買収で、のれんはさらにふくらむ。ナイコメッドのバランスシートは、無形固定資産とのれん、負債の固まりである。借り入れで欧州や新興国の同業の買収を繰り返し、レバレッジをきかせて事業を拡大してきた結果だ〉（注3）

ナイコメッド社の二〇一〇年一二月期のバランスシートの総資産は、八六七四億円（一ユーロ一一六円で換算）。無形固定資産は五五二〇億円で、このうち、「のれん」代が二五八〇億円。一方、負債は六九四四億円。純資産は一七二九億円だった。

〈武田は買収額のうち四〇〇〇億～五〇〇〇億円をナイコメッドが金融機関から借りた資金の返済に充《あ》てる。また武田自身が買収に際して六〇〇〇億～七〇〇〇億円を借り入れる。手元資金（現預金と短期有価証券の合計）は約九〇〇〇億円あるが、運転資金を残すためだ。買収完了後の武田のバランスシートは左（筆者注・貸方）にのれん代、右（同前・借方）に負債が大量にのしかかる〉（注4）

ナイコメッド社を買収した直後の二〇一二年三月期連結決算は、「のれん」代五八二二億円、特許権、販売権を含めた無形固定資産は一兆五一六二億円となり、前年同期の二・九倍に急膨張した。

「のれん」代は、この期に二二二億円を償却したため、当期純利益は一二四一億円と前年同期から半減した。

巨額買収に乗り出す直前の二〇〇八年三月期に一兆六一三二億円あった手元資金は、一二年三月期には四五四二億円と、三割弱の水準まで急減した。

無借金経営の優良会社の武田は、長短借入金と社債の有利子負債五四二八億円を抱える借金会社に転落した。

会計基準の変更で「のれん」代の償却を免れる

ナイコメッド社買収の唯一《ゆいいつ》のメリットは、当面の売り上げの激減という事態を避けられたことだ。

しかし、毎期、「のれん」代の償却を上回る利益を上げることができなければ、買収は失敗ということになる。みすみす損が出るとわかっていながら、一兆円以上の資金を投下する経営者はいないからだ。

「のれん」代の地獄から、どうやって抜け出すのか。

長谷川が目をつけたのが、国際会計基準（ＩＦＲＳ）への移行である。日本の会計基準と異なり、ＩＦＲＳでは「のれん」代の償却は不要だからである。「のれん」償却費が計上されなければ、そのぶん利益は押し上がる。

ナイコメッド社の買収で大量の「のれん」代が発生した。IFRSに移行することで、負担を回避できる――。ナイコメッド社の買収を最終決断するにあたって、長谷川の頭の中に、会計基準の変更が織り込まれていた。

二〇一四年三月期にIFRSに移行した。連結売上収益（IFRSでは売上高ではなく売上収益）は、前年同期比八・六％増の一兆六九一六億円、営業利益は二・一倍増の一三九二億円、当期利益は二八・二％減の一〇六六億円となった。

営業利益が大幅に増えたのは、「のれん」代など無形固定資産の償却を免れたためだ。日本の会計基準で償却していたら、当期利益の大幅な減益が避けられなかった。IFRSの効用は絶大だった。

ナイコメッド社の買収効果で、中期経営計画の二〇一四年三月期の売上高目標一兆二六〇〇億円はクリアした。

しかし、利益面で寄与することは少なく、営業利益の目標の二四〇〇億円には遠くおよばなかった（営業利益は一三九二億円）。

のれん代の重荷から解放され、利益が底上げされたことで胸をなで下ろしている暇はない。IFRSでは、年一回「減損テスト」をおこない、「のれん」の価値が毀損《きそん》していないかどうか評価しなければならない。帳簿価額と回収可能額とを比較し、回収可能額が帳簿価額に満たなければ、その差額を一気に減損処理する必要に迫られる。この減損テストは、減損の兆候の有無にかかわらず、毎期必ずおこなわなくてはならない。

二〇一四年九月末現在、「のれん」代は八一一五億円、特許権、営業権の無形資産一兆九九一億円、合計で一兆九二〇六億円を抱える。

ミレニアム社はもう少し先を見ないとなんともいえないが、ナイコメッド社の買収は、長谷川がどう強弁《きょうべん》しようと、成功とはいいがたい。明らかに失敗である。

買収先を仕切るグローバルな人材が不足

大型買収に乗り出したものの、武田薬品は難問を抱えていた。グローバルなマネジメントを仕切る人間がいないのだ。

欧米企業のM&Aは、息のかかった経営者を送り込んで、事業を再構築するのが普通だ。だが、武田薬品には、世界の医薬品市場の動向に精通する人も、外国人の研究者を使い切る能力を持った人もいなかった。

そこで長谷川は、M&Aのセオリーに反する方法を採ることにした。買収した企業のキーマンにつづけて働いてもらうことを望んだのだ。苦肉の策である。

二〇〇八年の米ミレニアム社の買収のときには、〈向こう二年間、一〇〇人ほどいるキーパーソンの九〇%以上に残ってもらうこと。買収した際にCEOに課した目標の一つがこれだった。残った人にはボーナスを出すことにしたので、九五%以上の人が仕事を続けてくれた〉(注5)

大型買収には、まとめる人間が必要だ。本社の社員はM&Aの修羅場《しゅらば》を経験したことがないから、社内に人材は皆無《かいむ》だ。

ナイコメッド社の買収は、〈ミレニアム出身の女性が交渉をリードした。独バイエルのヘルスケア（部門）のトップだったフランク・モリッヒ氏にも、昨年（一〇年）一〇月から武田の社員になってもらった。この二人が大型買収を後押しした〉（注6）

ナイコメッド社は武田薬品の完全子会社になったが、経営陣や組織は温存された。

〈買収交渉に携わった武田のフランク・モリッヒ米欧販売統括職は、「ナイコメッドのメンバーの引き留めに努力したい。モメンタム（勢い）をそがないことが大事だ」と強調した。製薬大手の米ファイザーによる米ワイスの合併と異なり、一方が他方をのみ込むようなM＆Aではない。武田とナイコメッドが並立しながら、ナイコメッドの販売ルートを活用し、武田の主要製品を売っていくようなビジネスモデルになる〉（注7）

ナイコメッド社の買収は、売り上げ減少の危機ばかりに目が向いた経営者の苦しまぎれの買収、一時的な売り上げ底上げ策にすぎなかった。

新体制の経営幹部は七割が外国人

二〇〇八年以来、武田薬品のグローバル化を推し進めてきた長谷川閑史は、退陣を前に、グローバル化路線の総仕上げともいうべき人事を華々しくおこなった。

欧米のメガファーマと対峙《たいじ》する体制をととのえるために、経営幹部に外国人を多数スカウトしたのだ。

クリストフ・ウェバーを社長兼ＣＯＯに迎えただけではない。新設したＣＦＯ（最高財務責任者）にはフランソワ・ロジェが就任した。二五年超にわたり食品、通信、医薬品業界で過ごし、大型合併を経験し、メキシコから南アフリカ、ルクセンブルクと世界各地を駆け回ってきた人物だ。

ＣＦＯとしての新たな責務は、武田薬品の贅肉《ぜいにく》を削《そ》ぎ落とすとともにグローバル化を後押しする、強固な財務的な裏付けをすることだ。具体的には、利益を上げることによって、借入金を減らすことだ。

武田薬品は、欧米のメガファーマに収益力で追いつくためのプロジェクト「グローバル・サミット」を推進中だが、そこで重要な役割をになうＣＰＯ（最高調達責任者）にスイスのノバルティスからフィリップ・ダンカンを一本釣りした。憎まれ役のコストカッターとして、辣腕《らつわん》を振るってもらう。

創薬をになうポストも外国人が占める。

開発部門トップのチーフメディカル＆サイエンティフィックオフィサーの山田《やまだ》忠孝《ただたか》は日系米国人の医者だ。研究部門を率いる医薬研究本部長の丸山哲行《まるやまてつゆき》は米国出身で、旧姓はポール・チャップマン。妻の母国である日本に帰化し、「日本に深くかかわりたい」と改名した。

二〇一四年六月、クリストフ・ウェバー体制が船出した。経営幹部であるコーポレート・オフィサーのメンバー一四人のうち一〇人が外国人。日本人は四人だけだ。

創業家とＯＢらが結成した「タケダの将来を憂う会」は「財務と研究開発を外国人に任せることを

決して許してはならない」と主張し、「(ウェバーの社長就任イコール)外資の乗っ取り」と断じた。

その理由が、具体的な数字となって表れてきている。武田薬品の意思決定をする頭脳は、完全に外国人の脳になっている。

ルビコン川を渡った武田薬品は、グローバル化を急ぐしかない。ウェバー体制は、きちんと数字をともなった結果を示さないかぎり、創業家の一人が株主総会で発言した「(責任を取って)総退陣」の言葉が、いつまでも重くのしかかってくる。

長谷川閑史は「二兆円を無駄遣いした男」になる前に、早く、CEOの椅子をウェバーに譲りたいだろう。

新社長にヘッドハンティングの噂

二〇一四年の年が押し詰まった一二月下旬、社長のクリストフ・ウェバーを「世界第三位のメガファーマ、フランスのサノフィが次期最高経営者(CEO)の候補に挙げている」との報道が欧州で駆けめぐった。

ウェバーは「私は辞めません」と社員向けサイトで社長をつづける意思を強調したが、社長に就任してわずか半年で「当然、予想される事態が起こった」(武田薬品の役員OB)。

前途多難な武田で苦労するより、サノフィのCEOに就任することができるなら、それは新天地が拓《ひら》けることを意味する。

「皆さんと共に武田の将来を築くことに、この上ない充実感を覚えている」と社員向けサイト上で彼は述べ、「社長としてより長期的な視点で、武田の成長を牽引する使命はやりがいがある」と結んでいる。

神のみぞ知るだが、欧州から極東の地に本社がある、世界のトップ10にも入らない武田の社長として、はるばるやってきたということは、それだけ上昇志向が強いということだろう。

もし、サノフィがCEOに指名したら、結果は目に見えているのではないか。

ウェバーを社長に選んだ長谷川の経営判断は、創業家一族&役員OB、従業員や株主の立場からすれば、万死に値《あたい》する。

「社内の人材育成に失敗したと取られてもしょうがないですね。経営者として足りないところがあった。その点についてはいかなる批判も受けます」（注8）

長谷川閑史は『日経ビジネス』（二〇一五年三月二日号）のインタビューで、後継者育成に失敗したことを認めた。二兆円の海外M&Aを実施したが、社内にはグローバル企業を経営できる人材がいなかった。買収先の業績を好転させ、成長へつなげる道筋を描けない。武田の多くの日本人幹部は、海外の拠点で勤務したことはあるが、世界規模で研究開発や営業を統括し、本当のグローバルリーダーとして揉《も》まれた経験がほとんどなかった。

次期社長候補から生え抜きの日本人幹部を外した本当の理由がこれだった。だから、外人部隊をスカウトし、経営陣や幹部の総入れ替えに近い大手術をおこなったと説明している。

クリストフ・ウェバー社長兼最高執行責任者（ＣＯＯ）は二〇一五年四月から社長兼最高経営責任者（ＣＥＯ）に就いた。六月の株主総会後にＣＥＯに就く予定だったが、「ＣＥＯを任せるにふさわしいと判断」（長谷川）して、就任する時期を早めた。武田薬品はウェバーに経営の権限を集中する体制に移行した。

教訓▼追い込まれてからの買収は禁物

グローバル化は日本の大企業が避けて通れない道である。たしかに、ミレニアム社は、将来有望なパイプライン（新薬の候補）を手に入れるための買収だったが、ナイコメッド社のケースは、当初から社内に異論があった。

技術力や開発力に見るべきものがあるわけではなく、新興市場での販売力を売り物にした企業だった。販売網を手に入れて、武田薬品の製品を新興国に売ってもらう、というじつに安直な狙いで買収した。

新興市場での販売力など、泡沫《うたかた》の夢のようなものだ。長く持続するという保証など、どこにもない。

そのうえ、あまりに巨額な案件だったため、当時の社長の長谷川が買収提案を取締役会に諮《はか》ったとき、全員が消極的反対だったとされている。

それでも長谷川は買収を強行した。焦っていたからだ。ドル箱のブロックバスターが次々と特許切れを迎え、業績が急落するのは目に見えていた。これを回避するためには、M&Aしか道がなかった。

創薬企業が最良な買い物だったが、相手を選《え》り好みする時間的な余裕はすでにない。慌《あわ》てふためいて、ナイコメッド社の買収に飛びついた。当初から予想されていたように、この買収は高いものについた。

武田薬品の二〇一五年三月期の連結純利益（国際会計基準）は、前期比三九％減の六五〇億円になる。一方、アステラス製薬の同期の連結コア純利益（国際会計基準）は、前期比一六％増の一五四〇億円の見通し。コア純利益は「のれん」代などの減損がない場合の利益だ。

山之内製薬と藤沢薬品工業の合併から一〇年。アステラス製薬の純利益が、薬品業界の盟主・武田薬品を初めて上回る。

両社の明暗を分けたのはM&A。アステラスはM&Aでガンの新薬を強化したことが奏功した。一方、武田薬品はナイコメッド社の買収が果実をもたらさなかった。

追い込まれてからの買収は、たいてい失敗する。M&Aに焦りは禁物である。

第2章　ブリヂストン——権限委譲が招いた蹉跌《さてつ》

▼米ファイアストンの買収

世界市場の「ビッグスリー」をめざした高値買い

カネで海外企業を買うことはできる。しかし、買った後に、その会社をうまく経営できるという保証はない。日本企業による海外Ｍ＆Ａは、ほとんどが失敗に終わっている。

ブリヂストンによる世界第二位のタイヤメーカー、米ファイアストン・タイヤ・アンド・ラバー（以下ファイアストンと略）の買収は、一時、「日本企業による唯一《ゆいいつ》の米国企業買収の成功例」と称賛されたが、タイヤ破損事故で奈落《ならく》の底に突き落とされた。

買収した企業に対する危機管理の甘さ、という日本企業の欠陥が露呈《ろてい》した事件だった。

一九八八年二月一六日、ブリヂストンの家入昭《いえいりあきら》社長とファイアストンのジョーン・Ｊ・ネビン会長は、ファイアストンのタイヤ製造部門をブリヂストン七五%、ファイアストン二五%の合弁事業とすることで合意した。

ところが三月七日、イタリアのタイヤメーカーのピレリが一株五八ドル(総額一八億六〇〇〇万ドル)でファイアストン株式を公開買い付け(TOB)すると宣言した。

ブリヂストンは予想外の事態にあわてた。

そこに助け舟を出したのが、米国の有力投資銀行、ラザール・フレールの総帥《そうすい》、ミッシェル・A・デビッドウエイルである。「ピレリが相手なら勝てる」と、即座に助言した。

ピレリが米国証券取引委員会に提出した資料から、ピレリは買収後、フランスのミシュランにファイアストンの南米機構と米国の自動車サービス・タイヤ小売販売店網を売却する契約を結んでいたことが明らかになった。買い本尊(買いの主力)はピレリではなく、当時、世界最大のタイヤメーカーだったミシュランなのである。

ちなみに、一九八九年から九六年まで北米ミシュランのCEOをつとめていたのが、カルロス・ゴーンだ。ミシュランからフランスの自動車メーカー、ルノーに転じ、ルノーが買収した日産自動車の社長に送り込まれた、あの人物である。

ファイアストンはピレリの提案のほうが株主に有利だと判断し、ブリヂストンとの合弁計画を見直すことにした。

もし、ファイアストンをミシュランに渡してしまえば、ブリヂストンはアジアのローカルなメーカーのままで終わってしまう。

ブリヂストンは合弁から買収に方針を切り替えた。カネに糸目をつけなかった。アドバイザー契約を結んでブリヂストンの〝軍師〟となったデビッドウエイルの指示どおり、社長の家入は一株あたり八〇ドル（総額二六億ドル）でファイアストンを買うことにした。

ブリヂストンの提案を受け、三月一七日、ファイアストンは取締役会で、「株主にブリヂストンへ株式の売却を勧める」ことを決定した。ブリヂストンが勝利した瞬間である。

投資額二六億ドル（三三〇〇億円）は、当時の日本企業による海外企業のM&Aとして最高の金額だった。その後、大型化する日本企業による米国買いの先鞭《せんべん》を、ブリヂストンがつけた。

「高値づかみした」と批判を浴びたが、この買収によって、ブリヂストンはミシュラン、米グッドイヤーと肩を並べ、世界のタイヤ市場の巨人となった。

一九八八年五月四日、買収は完了し、ファイアストンを完全子会社に組み入れた。ファイアストンを買収した一九八八年を、ブリヂストンは「第二の創業」と位置づけている。

ブリヂストンとピレリの一〇日間のファイアストン争奪戦で最大の利益を得たのは、M&Aのアドバイザー役の投資銀行だった。

〈ラザールはブリヂストンから五〇〇万ドルを得た。（ファイアストンのアドバイザーだった）ブラックストーンとゴールドマン・サックスには二六〇〇万ドルが支払われた〉（注1）

投資銀行にとって、M&Aほど美味《おい》しいビジネスはない。

北米進出の足がかりとなっていたファイアストン

ファイアストンの創業は一九〇〇年八月。馬車用タイヤの販売会社だったが、工場を建設し、自動車用タイヤの生産に転換した。一九〇八年にヘンリー・フォードが生産を開始した世界初の量産自動車「T型フォード」にタイヤを供給、これをバネに急成長を遂げる。

ブリヂストンとファイアストンの間柄は因縁《いんねん》じみている。社名はともに「ストン」で終わっており、響きが似ている。

社名はそれぞれの創業者に由来しており、ファイアストンの創業者はハーベイ・ファイアストン。一方、ブリヂストンの創業者は石橋正二郎《いしばししょうじろう》。苗字である石橋を英語読みして、逆さまにして社名にしたものだ。

戦前の一九三三年、ファイアストンはブリヂストンを、類似の社名の会社だとして訴えたことがある。そのときは「創業者の名をそのまま英訳したものにすぎない」というブリヂストンの主張が通り、ファイアストンが敗訴した。

ブリヂストンとファイアストンの関係は、一九五一年、石橋正二郎の時代に技術提携したことにはじまった。

ファイアストンは北米市場における自動車タイヤの最大サプライヤーだったが、一九七〇年代半ばにフランスのミシュランが生産拠点を米国に移し、耐久性にすぐれたタイヤを投入してシェアを奪《うば》っていった。

タイヤの長寿命化への対応が遅れたファイアストンは、立て直しのために、トラック・バス用ラジアルタイヤの工場だったナッシュビル工場の売却、あるいは合弁による運営を、ブリヂストンに提案した。

米国進出を急いでいたブリヂストンは新工場を建設する計画だったが、新工場を立ち上げて稼動させるまでには時間がかかる。既存の工場の買収なら、タイヤの生産能力が過剰な米国タイヤ業界の反発も少ないと判断した。

ナッシュビル工場の買収を決断したのは会長の石橋幹一郎《かんいちろう》である。創業者、正二郎の長男で、一九六三年から七三年まで二代目社長をつとめた。

一九八二年二月、売買契約が締結された。買収金額は五二〇〇万ドルだった。これが、その後のファイアストンの全面買収につながっていく。

幹一郎は資本と経営の分離を標榜《ひょうぼう》し、自身が会長に就任する際には、石橋家以外から社長を抜擢《ばってき》するなど、同族企業からの脱皮をはかった。米ナッシュビル工場の買収を最後の大仕事として引退した。一九八五年に代表権を返上、名誉会長に退いた。

ファイアストンは一九七〇年代後半に「ファイアストン五〇〇」のリコール（回収・無償修理）を出した影響で収益が悪化。一九八〇年代はリストラがつづいた。新規の設備投資をする余裕がなく、設備の老朽《ろうきゅう》化が進んだ。

ブリヂストンに出資させ、合弁工場にして、苦境を切り抜けるつもりだったが、ピレリが買収に名乗りをあげたことで局面が大きく変わり、一気にブリヂストンによるM&Aに発展した。

ファイアストンの買収を決断したのは、五代目社長の家入昭である。三目代社長の柴本重理《しばもとしげみち》、四代目社長の服部邦雄《はっとりくにお》の後を継いで、社長の椅子に座った。

赤字会社を優良企業に立て直す

小が大を呑《の》む買収だった。ファイアストンの従業員は五万人を超えており、一万六〇〇〇人だったブリヂストンの三倍以上の企業規模だ。

ファイアストン一筋四〇年の労働者や、親子三代でファイアストン・マンという社員がいた。プライドは高かったが、生産性はブリヂストンの三分の一以下だった。

一九八八年四月には、GM（ゼネラルモーターズ）がファイアストンからのタイヤの調達を二年以内に打ち切る、と発表していた。

買収したファイアストンが抱えていた問題点を、ブリヂストンが編纂《へんさん》した社史『ブリヂストン物語』はこうとらえている。

〈当時、米国では車のサービス事業の方がタイヤの販売よりも利益率がよかったため、約一五〇〇店の自動車サービス・タイヤ小売販売店網「マスターケア」ではサービス事業に力点が置かれていました。それでも三分の一の店舗が赤字で、業績が悪化しつつありました。

北米タイヤ事業のうち直需（自動車メーカー向け営業）部門は、GMから打ち切り通告があり、フォードに頼らざるを得ない状況でした。独立系ディーラーへ卸《おろ》す事業も、ディーラーの小売店と「マスターケア」が競合し、ファイアストン同士で犬猿の仲の状態となっていました。

また、開発力の不足や設備の老朽化から、新車用タイヤに占める高付加価値品の比率が低く、生産効率もよくありませんでした。労使関係もまた、リストラ政策などがあり最悪の状態が続いていました〉（注２）

一九九〇年五月、ファイアストンと米国ブリヂストンが統合し、ブリヂストン・ファイアストン・インク（以下、ファイアストン）に社名を変更した。同社の一九九〇年一二月期の売上高は五〇億ドル、税引き後で三億五〇〇〇万ドルの赤字となった。

赤字がつづく米国法人を立て直すため、一九九二年に二五〇〇人の人員整理を断行し、組織の改編や流通チャネル合理化などの対策を打ち出した。

こうした地道な努力が実り、一九九四年一月には、品質低下を理由に打ち切られていた米ＧＭとの取引を再開することができた。

ところが、ＧＭとの関係が修復した直後の一九九四年夏、労働協定の改定をめぐり、労働組合との対立が激化した。組合は、米業界トップのメーカーと同水準の賃上げを要求した。

〈米国法人は収益状況が違うことを理由に、その要求を呑まず、組合員によるストライキが長期化すると、代替要員を採用して操業を続けた。当時の米大統領、ビル・クリントンが会社への非難声明を出す騒ぎとなった〉（注３）

長期ストを乗り切り組合問題を収束させた米国法人のファイアストンは、業績が急回復した。一九九七年には税務上の累積損失を解消した。

一九九九年一二月期には売上高七五億ドル、税引き後利益で三億ドルを稼ぐ優良会社に様変わりした。

買収への評価は「高値づかみ」から「日本企業による唯一《ゆいいつ》の米国企業買収の成功例」へと変わった。ファイアストンを買収時、一兆円に達していなかったブリヂストンの株式時価総額は、一九九九年には三兆円を突破した。

フォード車タイヤ破損事故で死者一七四人

大型のM&Aに成功したかに思えたのもつかの間、ブリヂストンは奈落《ならく》の底に突き落とされることになる。

ブリヂストンの経営の屋台骨を揺るがすタイヤの破損事故が表面化したのだ。ファイアストン製のタイヤをつけたフォードのSUV（スポーツタイプ多目的車）が、高速道路で横転する事故が複数発生したことに端を発する、大規模なタイヤの破損事故である。

二〇〇一年二月時点で、死者一七四人、負傷者七〇〇人以上という、社会的なインパクトがきわめて大きい事件となっていた。

ブリヂストン自身は、この問題を『ブリヂストン物語』にこう記した。

〈一九九九年六月、米国テキサス州ヒューストンで、フォード社のＳＵＶ、エクスプローラーを運転していたテレビ局の記者が、横転事故により死亡しました。テレビ局はその原因をタイヤのトレッド・セパレーション（筆者注・タイヤの表面が剝《は》がれ落ちること）にあると報道しました。

二〇〇〇年二月になると、アメリカのテレビ局が、ファイアストン製のタイヤを装着したエクスプローラーが横転事故を起こし、多くの死傷者が出ていることを報じました。共通する現象として、夏の暑い日、南部の州で高速道路を走行中にタイヤの表面がはがれると報道されました。

事態を重く見た米国高速道路交通安全局（以下、ＮＨＴＳＡ）は、二〇〇〇年五月二日、ＢＦＳ（筆者注・ブリヂストン・ファイアストン・インク）が製造した約四七〇〇万本の（中略）タイヤの欠陥調査を開始しました〉（注４）

ファイアストンは二〇〇八年八月九日、ＮＨＴＳＡの調査対象となった一四四〇万本のタイヤを自主回収すると発表した。

ブリヂストンの株式の時価総額は、同年一〇月には買収直後と同水準の九〇〇〇億円台まで急落した。

原因はタイヤか車か

欠陥タイヤ事件を、危機管理という観点から検証してみる。

エクスプローラーに装着したタイヤの剝落《はくらく》事故の原因に関するファイアストンとフォード・モータ

ーの〝戦争〟は、日本企業と米国企業の行動規範の違いを浮き彫りにした。

ファイアストン側は自分たちの責任を認めたが、「フォードの車についての欠陥の有無を調査する必要があるので、全責任を負うわけにはいかない」との立場をとった。

対するフォードは「自分たちの車にはなんら欠陥はない。すべてタイヤが悪い」と主張しつづけた。日米の企業文化の違いが鮮明になり、対立が先鋭化した。

原因がまだ不明の段階で、フォード側が先制攻撃に出た。

「問題は車ではなく、タイヤだ」

フォードのジャック・ナッサー社長兼CEO（最高経営責任者）は二〇〇〇年八月三一日、ミシガン州の本社でファイアストンのタイヤリコール問題について会見し、ファイアストン製タイヤを装備していたエクスプローラーの設計に問題があったとする見方を真っ向から否定した。

リコール問題では、ファイアストンとフォードの共同責任を求める動きが強まった。ベネズエラ政府・消費者保護局が発表した報告書では、「四〇人以上の死者を出した事故について、タイヤとともにエクスプローラーの構造にも欠陥があった」として、両社の刑事責任を追及する構えを見せていた。

フォードとファイアストンは「T型フォード」にタイヤを供給して以来一〇〇年あまり、友好的にビジネスをつづけてきた。リコールでも交換するタイヤの不足が表面化しないようにと、フォードは三工場の操業を一時停止した。新車の生産台数を減らしてタイヤを使わないようにしてまで、ファイアストンを全面支援する姿勢を見せていた。

ところが、ＮＨＴＳＡが本格的な調査に乗り出すと、フォードは方針を一変させた。七月に「有事室（ウォールーム）」を本社内に設け、調査と対策に乗り出し、「事故の原因はタイヤ。エクスプローラーに問題はない」という基本姿勢で闘うことを決めた。

こういう裏話がある。渡米したブリヂストン社長の海崎洋一郎《かいざきよういちろう》はフォード社長のジャック・ナッサーと極秘に会い、以下のことを約束したという。

「原因究明を一緒にやろう。この件の広報活動でも足並みをそろえよう。公聴会まで対外的に何も言わず、当方（＝ブリヂストン）が先走ることはないようにする」

しかし、ナッサー社長は、ブリヂストンとの約束を守るつもりはさらさらなかった。公聴会を前に、強烈《きょうれつ》な先制パンチを浴びせたのである。

日本流の謝罪がブリヂストンをクロに追い込む

二〇〇〇年九月六日、米国議会下院は、欠陥タイヤに対するリコール問題で関係者を召喚。初の公聴会を開いた。

証言台に立ったフォードのナッサー社長は「すべての問題はタイヤにある」と断言した。ファイアストンはサウジアラビアでも自主回収をおこなっていたが、サウジの件に関しても、「自主回収が米国に波及するのを恐れ、事実を隠した。今回はタイヤに問題があり、仕方なくフォードは、車の自主回収を実施した」と主張した。

これに対してブリヂストンの本社の副社長であり、米国法人の会長兼CEOの小野正敏《おのまさとし》は「製造工程や品質管理など、あらゆる側面から徹底した調査を実施しているが、現時点では原因の解明には至っていない」と述べるにとどめた。

そのうえで「自分のつとめは、事故で家族を亡くされた方に謝罪し、一連の問題に責任を持つこと」と明言した。

日本では、事故の犠牲《ぎせい》者に謝罪するのが礼儀だが、「謝らない文化」の米国では、そうではない。米国メディアは小野の発言を「品質問題に対する謝罪」と解釈し、ファイアストン側は非を認めたと大々的に報じた。

公聴会では、一九九〇年代初めからタイヤの破損事故があったにもかかわらず対応が遅れたことや、サウジアラビアやベネズエラでも同じ問題を抱えタイヤを回収していたことが明らかにされた。

米国法人だけでなく、ブリヂストンの東京本社もそれを知りうる立場にあったとの指摘がなされ、「昔からタイヤの破損事故が多くあったのに、どうして、きちんと消費者に知らせなかったのか」と、管理体制や経営判断のまずさが厳しく糾弾《きゅうだん》された。

非難の大合唱に「タイヤだけの問題ではない」とするブリヂストンや米国法人の主張はかき消されてしまった。

重大情報が本社に上がらない管理体制の甘さ

公聴会から五日後の九月一一日、ブリヂストン社長の海崎洋一郎は欠陥タイヤのリコール問題について、東京の経団連会館で初めて記者会見を開いた。これは驚くべき会見だった。

海崎は「ファイアストンについては管理上の問題があった」と、親会社の責任を認めたうえで、親会社の管理が甘くなった理由として、ファイアストンの「プライドの高さと市場での実績」を挙げた。

ファイアストンは一九九七年には親会社（＝ブリヂストン）の売り上げを抜くドル箱会社に成長したため、「最後までブリヂストン流に（経営手法を）変えることができない、米国の牙城《がじょう》になってしまっていた」と釈明した。

世間を驚かせたのは、次の発言である。欠陥タイヤ問題について、（海崎は）「今年（二〇〇〇年）五月まで知らなかった」と口をすべらせた。

タイヤ破損事故としては異常ともいえる死者の数に、全米のマスコミが動き出し、一気に大事件に発展していた。ＡＢＣ、ＣＢＳなど三大テレビ局で、この事件に関する報道は二月からはじまっていたにもかかわらず、海崎が知ったのは、ＮＨＴＳＡが本格的な調査に乗り出した五月になってからだ、というのである。

現地には、ブリヂストンの社員が二〇〇人以上働いていた。それなのになぜ、これほど重要な情報が日本にいるトップに上がってこなかったのか。

ブリヂストンでは、製品に対するクレームは現地で責任を持って対応することになっていた。ファイアストンのタイヤ破損事故の情報は、日本の本社には上がらず、米国だけで事後処理にあたっていた、というのだ。

この、見せかけ、というか無責任体制下での権限譲渡が、結果的に、一七四人の死者が出る大惨事《だいさんじ》を招いたのである。

それにしても、一九九九年六月には米国のテレビが取り上げていた事件を二〇〇〇年五月になって、やっと海崎が知ったとは、とても信じられない話だ。

企業の命運を決めかねないような重要な情報がトップに上がってこなかったら、どうなるのか。ブリヂストンの組織は情報が流れない〝動脈硬化〟を起こしていた。危機管理があまりにも甘いといわざるを得ない。

フォードの情報操作とパフォーマンスに追い詰められる

情報操作において、フォード側は抜かりがなかった。「有事室」が立案したシナリオに沿って、世論を誘導した。

公聴会に先立ち、ナッサー社長はワシントンに議員やNHTSAを訪ね、その足でデトロイトに取って返して「問題はクルマではなく、タイヤだ」と大見得《おおみえ》を切った。一連の行動を詳細にテレビに追いかけさせ、ナッサー社長は生中継の場で、みごとにパフォーマンスを演じた。

ファイアストンが隠蔽《いんぺい》工作をおこなっていたかのような情報提供も、怠《おこた》らなかった。

問題が発覚して以来、フォードとファイアストンは膨大《ぼうだい》な量の内部資料を米政府当局に提出した。それらをもとに米政府は、事故の真相究明を進めた。

原因の究明と責任の追及は、ファイアストンとフォードがいつの時点で欠陥を知り、どういう対策を取ってきたのかを解明することからはじまる。とどのつまり、「両社に隠蔽工作はあったのか（なかったのか）」という点に行き着く。

隠蔽工作があったら、裁判ではきわめて苦しい立場に立たされる。支払う損害賠償額が大きくふくらむことは避けられない。

徳本栄一郎《とくもとえいいちろう》は『プレジデント』（二〇〇一年三月五日号）に「欠陥タイヤ事件隠蔽の『爆弾資料』一挙公開！」のタイトルで、フォードとファイアストンの内部資料をすっぱ抜いた。

フォードは、サウジで自動車販売店を経営するポール・ライトがフォードの幹部ジョン・トンプソンに送った一通の手紙を公開していた。日付は一九九八年一〇月二四日。欠陥の疑いのあるファイアストンの姿勢を痛烈《つうれつ》に告発する内容だった。

〈初めて私たちが（ファイアストン製の）タイヤへの懸念《けねん》を報告したのは九七年の中頃でした。顧客の安全に関わる事態だったからです。

あれからもう一年以上になります。私は再三ファイアストンにタイヤについての説明を求めましたが、答えはもう少し我慢《がまん》してくれの一言です。これは顧客の安全に関わる問題です。死者が出るまで対策を取らないということですか。タイヤにいったい何が起きているのか。ファイアストンはすぐに

調査すべきです〉(注5)

サウジの件は米下院の公聴会でも取り上げられた。この手紙は「ファイアストンが事件の調査に乗り気ではなく、タイヤの自主回収を嫌がった」というフォードの主張を裏付ける証拠となった。

「攻撃は最大の防御なり」――フォードは緒戦《しょせん》の一撃で、ブリヂストンを打ちのめした。

本社社長と米国法人CEOが引責辞任

当時のブリヂストン社長は海崎洋一郎である。一九九一年から九三年まで米国法人のCEOをつとめ、赤字体質に終止符を打った。経営再建を果たしたことを買われて九三年、ブリヂストンの六代目社長に就任した。

米国法人のCEOは、組合問題で一歩も引かなかった小野正敏だ。米国で実績を上げた二人だが、今回のタイヤの欠陥問題では初動で誤りを犯し、フォードの攻撃にロープ際《ぎわ》まで追い詰められてしまった。

一〇〇年近い取引の歴史をもつファイアストンにフォードが攻撃を仕掛けるとは、夢にも思っていなかったのだろう。

だが、米国では日本とは異質なビジネスゲームのルールが存在していた。フォード社長のジャック・ナッサーは、自分の立場とフォードというブランドを守るために、最初から何でもやる覚悟を決めていた。

二〇〇〇年一〇月、ブリヂストンは小野正敏を更迭《こうてつ》し、ファイアストン生え抜きのジョン・ランペを米国法人のCEOに起用した。ランペに対フォード作戦を「委《ゆだ》ねた」といったほうがいいかもしれない。

米国のビジネスゲームに精通している人物を闘いの最前線に出すことを、ブリヂストンは、このトップ人事で示した。

つづいて二〇〇一年一月一一日、海崎洋一郎社長が三月二九日付で相談役に退くと発表した。同時に、代表権を持つ副社長三人も退任する。退任する副社長のなかには、米国法人でCEOをつとめた小野正敏も含まれていた。

一連の人事で、ブリヂストンは欠陥タイヤ事件にけじめをつけた。

フォードとの取引停止、年間三億五〇〇〇万ドルを捨てる

後任の七代目社長には、渡邉恵夫《わたなべしげお》が就任した。渡邉は入社以来本社勤務が一度もない、タイヤ開発部門のプロである。その渡邉が米タイヤ問題の最終責任を負うという、異例ともいうべき社長人事だった。

ブリヂストンの渡邉、米国法人のランペのツートップが、フォードへの反撃を開始する。

フォードとの攻防戦におけるブリヂストン側の最大の決断は、フォードとの取引停止だった。ファイアストン側がフォードに三下《みくだ》り半《はん》を突きつけたのである。

二〇〇一年五月二一日、一〇〇年近くつづいた北米・中南米におけるフォードへのタイヤ供給の終結を発表した。フォードとの信頼関係が修復困難なレベルまで崩れた以上、取引を停止すべきだと渡邉は決断したのである。

米国法人の七五億ドルの売り上げのうち、乗用車用タイヤは三〇％を占める。なかでも、消費者が古くなったタイヤを交換する、スペアの需要が大きかった。米国市場のタイヤの交換需要は年間二億本といわれ、ファイアストンはこの市場で二〇％のシェアを握っていた。

フォードやゼネラルモーターズ（ＧＭ）など自動車メーカーに直接タイヤを納める割合は一〇％で、フォードとは年間三億五〇〇〇万ドルの取引があった。その取引を捨てるという、重い決断である。

フォードは翌二二日、対抗措置として、ＳＵＶに装着されているファイアストン製タイヤ一三〇〇万本を、将来欠陥が生じる可能性があるとして自主回収すると発表した。

大量追加リコールの無償交換に応じる

二〇〇一年六月一九日、米下院エネルギー・商業委員会は、タイヤ問題について公聴会を開いた。フォードとの取引を打ち切ってから、初めて両社は顔を合わせた。

フォードのナッサー社長は、ファイアストン製タイヤ、一三〇〇万本の自主回収を決めた経緯について、「装着時間が長くなるとタイヤ表面が剝がれる確率が高まる」とするデータを示して、「過剰反応かもしれないが、消費者の信頼回復に必要な措置」と強調した。

さらに、エクスプローラーのハンドル操作に問題があるとしたデータについては、「事実にもとづく信頼できるデータではない」と強く反論した。

これに対して、ランペＣＥＯは「タイヤのデザインや製造工程だけに問題があるとするフォードの説明では、エクスプローラーの事故の説明がつかない」と応酬《おうしゅう》した。両者の主張は平行線をたどった。

二〇〇一年七月、ＮＨＴＳＡから「七六万八〇〇〇本のタイヤに追加のリコールが必要である」との示唆《しさ》がなされた。一〇月、ＮＨＴＳＡから追加リコールの発表があった。

法廷闘争に持ち込んでもよかったのだが、これ以上、ＮＨＴＳＡとの対立をつづけると、決定的に会社再建が遅れてしまうとの政治的判断を優先させ、タイヤの無償交換に応じた。

ＮＨＴＳＡの主張に沿った対応をとったことで、ＮＨＴＳＡは二〇〇〇年五月に開始したファイアストン製のタイヤの調査を終結した。

これを受けて二〇〇一年一一月、ブリヂストン・ファイアストンは司法当局と和解した。

二七四億円をフォードに支払い和解

遺族や消費者からの複数の集団損害賠償訴訟《そしょう》は残っていたが、司法当局と和解したことで、ブリヂストンは北米生産体制の再編に着手した。

最大の懸案事項であった、七〇〇件におよぶ集団訴訟も和解にこぎつけた。

二〇〇五年一〇月、ファイアストンは二億四〇〇〇万ドル（二七四億円）をフォードに支払うことで、合意に達した。二〇〇〇年八月にファイアストンが実施したタイヤ自主回収や二〇〇一年五月にフォードがおこなったタイヤ交換プログラムに関連して、両社のあいだに発生したあらゆる案件について包括的に和解するという内容だった。

この和解により、五年におよぶフォードとの対立は収束し、停止していたフォードとの取引を再開した。

一連の再生を主導した立役者は、米国法人トップのジョン・ランペだった。

流れを変えた決断

経営学者の髙橋琢磨《たかはしたくま》は二〇一二年一二月に刊行した『戦略の経営学：日本を取り巻く環境変化への解』（ダイヤモンド社）で、ファイアストン事件をこう総括した。

〈この事件により、ファイアストンブランドもブリヂストンブランドも大きく傷ついた。危機対応における日本人経営者の影はいかにも薄かったが、核心は、二〇〇五年にフォードとの和解を決断したブリヂストン本社社長の渡邉であるといえよう。和解金を含めタイヤリコール問題で一三億ドル（原文のママ）かかったが、渡邉によれば、将来にわたる紛争のリスクを払拭《ふっしょく》し、本業に専念するために必要なコストだった〉（注6）

ブリヂストンが技術、品質への自信を背景に、上得意先であるフォードに一歩も引かない姿勢を明確にしたことが、世論の流れを変えた、と髙橋は見ているのだ。

渡邉は「賭けだったが、（フォードとの）絶縁を機に、メディアの論調も変わった」と、当時を振り返っている。

タイヤ欠陥事件の損失は二〇一一億円

欠陥タイヤ事件は、ブリヂストンに大きな爪痕《つめあと》を残した。

事件が広がりを見せた二〇〇〇年一二月期の連結売り上げは、前期比三・八％減の二兆六九億円、経常利益は同三七・八％減の一二四七億円で、二期連続の減収・減益となった。タイヤの回収費用や損害賠償費用など、製品の自主回収関連の特別損失八一四億円を計上したため、当期利益は八〇％減の一七七億円に激減した。

業績悪化の原因は、すべて欠陥タイヤである。二〇〇〇年一二月期の米国法人の売上高は前期比横ばいの七五億ドル（八七五六億円＝当時の為替レートで換算）だが、回収費用がかさんで、当期損益は八期ぶりに五億ドル（五九一億円）の赤字に転落した。

ブリヂストンの翌二〇〇一年一二月期の連結決算も、製品自主回収関連損失八〇三億円を計上し、当期利益は一七三億円と低空飛行をつづけた。

事件が騒がれだした二〇〇〇年からフォードに和解金を支払った二〇〇五年までの、六年間の製品の自主回収関連損失の累計額は、二〇一一億円にのぼった。

ファイアストンの買収金額は三三〇〇億円で、たしかに巨額だったが、この損失もまた巨額だった。

グローバル企業になるために支払った〝授業料〟としては、あまりに大きすぎた。

欠陥タイヤ事件に決着をつけた渡邉恵夫は二〇〇六年に社長を退任し、八代目社長に荒川詔四《あらかわしょうし》が就いた。

荒川の時代になり、ブリヂストンは世界首位のタイヤメーカーへと王道を歩みはじめた。世界のタイヤ市場のシェアで二〇〇五年からトップの座に就いたが、そこにいたるまでは茨《いばら》の道だった。

教訓▼現場重視の権限委譲がよいとは限らない

海外のM＆Aが失敗する典型的なケースに、買収後、経営がうまくいかなくなることが挙げられる。それぞれの国に固有のやり方があり、国内で成功に導いてくれた方法が外国で同じように機能するとは限らない。最悪の場合、まったく機能しない可能性すらある。

危機管理という視点からすれば、ブリヂストンの情報管理システムはまったく機能しなかった。米国で相次いでタイヤの破損事件が起こり、大問題になっていたにもかかわらず、ブリヂストンのトップには、その情報が上がっていなかったというのだ。

ブリヂストンは現場重視の会社だ。現場に権限を委譲し、現場と管理職が一丸となって品質向上に取り組む。その成果を武器に、シェアを向上させてきた。なにごとも現場で処理するという日本流のやり方が、ファイアストンの危機管理では、完全に裏目に出た。

親会社であるブリヂストンのトップへの情報伝達、それも企業の命運を左右するような重要な情報の伝達が遅れたことが致命傷となり、不祥事発生によるリスクを最少化することに失敗した。

第3章　ソニー――買収事業のマネジメントを丸投げ

▼米コロンビア映画の買収

名門コロンビア映画を六四〇〇億円で買収

一九八九年九月二七日、ソニーは米国の名門映画会社、コロンビア・ピクチャーズの買収で合意したと発表した。コロンビアの株式の四九％を持つ米コカ・コーラ社からその保有株式を譲り受け、残りの株式は一株二七ドルで買い付け、全株式を取得した。

過去の借金の肩代わり分も含めて、買収価格は総額四六億ドル（当時の為替《かわせ》レートで六四〇〇億円）に達した。

「CBSレコードを買収した直後から、いろいろな映画会社から、身売り話が殺到していた。コロンビアもその一つ。以来、ずっとコンタクトをとっていました」

発表会見で、ソニー社長の大賀《おおが》典雄《のりお》は、こう言ってのけた。

一九八七年のＣＢＳレコードにつづいて、今度は映画とテレビ制作・配給会社を手に入れる。音楽につづき、映画とテレビのコンテンツ部門を傘下《さんか》におさめたのは、音響・映像事業を強化するための予定の行動だと胸を張った。

日本企業の買収としては、当時として史上最高額。ソニーにとって〝快挙〟といえる出来事のはずだった。

「米国の魂を買った」とバッシングに遭う

「米国の魂《たましい》を買った」——米国国内で、こうした類《たぐい》の反発が噴出した。大賀やソニーの経営陣には想定外のことだった。

一九二四年に設立されたコロンビア・ピクチャーズは、パラマウント、ワーナー、ディズニーなどとともに、七大メジャーの一つに数えられる老舗《しにせ》映画会社だった。『戦場にかける橋』『アラビアのロレンス』『未知との遭遇《そうぐう》』『クレイマー、クレイマー』など、次々とヒット作を世に送り出してきた。

二七〇〇本の映画ライブラリーがあり、テレビ番組も二万三〇〇〇本以上を保有。劇場も経営していた。

「こりゃ、おおごとになる。米企業が日本の国技の相撲を買収するのも同じことだ。反発は避けられない」

発表直後から、在米の日本人のエコノミストのあいだでは懸念《けねん》がささやかれていた。映画は、日本では斜陽の娯楽になっていたが、米国ではそうではない。

映画は米国文化の象徴といわれてきた。欧州のような歴史と伝統を持たない米国では、全世界を席《せっ》巻《けん》したハリウッド映画に強い思い入れを持つ人が少なくなかった。

ソニーによるコロンビア映画の買収は〝聖地《ハリウッド》〟に手を突っ込んだようなものだった。米国人の神経を逆撫《さかな》でした。

非難の火の手が、すぐに上がった。米下院の対日強硬派と目《もく》される共和党のヘレン・ベントレー下院議員が、ソニーの買収は「独占禁止法違反の疑いがある」と言い出した。

ソニー・バッシングを決定づけたのは、同年一〇月二日発売の『ニューズウィーク』誌（一九八九年一〇月九日号）だった。

表紙は、コロンビア映画のタイトルマークである自由の女神像に芸者のような着物を着せ、その横に「日本、ハリウッドを侵略（ＩＮＶＡＤＥ）」という大見出しをかかげ、一〇ページにわたる大特集を組んだ。

〈ソニーの買収はハリウッドにおける日本人の侵略のうち、最も大規模なもので、経済的地位を米国が日本に譲りつつあるという最新のメッセージである。（中略）この買収はビル（不動産）をまたひとつ購入したのと同じに見るわけにはいかない。なぜなら、アメリカの魂の一つを購入したのだから〉（注1）。

コロンビア買収の持つ意味を、じつにストレートに、こう伝えた。ソニーのコロンビア買収に否定的なイメージを決定づけるものになった。

反米強硬派と目された会長・盛田昭夫

会長の盛田《もりた》昭夫《あきお》にとって不運だったのは、コロンビアの買収が、彼と石原慎太郎《いしはらしんたろう》代議士との共著『「ＮＯ」と言える日本』（光文社）が米国で紹介され、酷評《こくひょう》された直後だったことだ。

真神博《まがみひろし》「現地取材　ソニーは米国の魂を買ったのか」（『文藝春秋』一九八九年一二月号）は、この本が米国社会の知識人におよぼした影響をレポートしている。日本では一九八九年一月に出版された。英訳本は出ていなかったが、抄訳がワシントンの議会筋を中心に出回っていた。

〈一説には、この本の中にある石原氏の「日本が半導体をアメリカに売るのを止めてソビエトに売るようにすれば、軍事バランスは根こそぎひっくり返るだろう」という記述に注目した国防省が英訳し、そのコピーが出回ったとも言われる〉（注２）

通商、投資、防衛問題について、米国にはっきり「ＮＯ」と言えるようにしようと説いたこの本の抄訳は、まず議員に配られ、そのコピーがビジネス界、そしてハリウッドにも出回った。コロンビアの買収は、そんなときに起きた。

〈ロサンゼルス・タイムズ（筆者注・一〇月一一日付）は、この本の内容を激しく攻撃している。「はっきりしていると思うが、ソニーのトップは、怒りっぽさによって判断を誤っている。そして仲間は彼を止められなかった。

もし、アメリカのエグゼクティブ、たとえば、ＩＢＭやＧＥのトップが（石原氏のような）強硬外交主義の急進主義者と共同執筆で本を書いたら、会社はすぐに彼らの早期引退と、その本への関与がないことを表明する」〉（注3）

盛田は日本の財界で親米派ナンバーワンと目《もく》されていたが、米国では反米強硬派の烙印《らくいん》を押される結果を招いた。

盛田が〝アメリカン・バッシング〟の本を書いたことが、ソニーによるコロンビアの買収にマイナスの作用をおよぼしたことは明らかだった。

バブル熱に憑かれ、米国買いに走った日本企業

一九八〇年代後半に突然見舞ったバブルは、日本の経済と日本人の生活に大きな爪痕《つめあと》を残した。戦後の歩みのなかで一九八五年以降の約一〇年間は、ほかの時期とはまったく違った、特異な時代だった。

一九八五年九月二二日、米ニューヨークのホテル「プラザ」で、日米英仏独の蔵相・中央銀行総裁会議が開かれた。日本からは竹下登《たけしたのぼる》蔵相（のち首相）が出席した。

プラザ合意では、ドル高是正《ぜせい》のために各国が協調して市場介入を含む断固たる措置をとること。それを実効あるものにするための各国の内需拡大を謳《うた》った。

プラザ合意を推し進めた米国側の狙いは、日米関係に限っていえば、貿易不均衡《ふきんこう》の解消にあった。

為替相場の調整によって、米国の赤字と日本の黒字を一気に減らすことができる、と米国は考えていた。

プラザ合意の直前には一ドル＝二四二円だったが、一九八七年四月二七日には一三七円まで円高が進んだ。

一方で、内需拡大策によって国内ではバブルが膨張。一九八九年一二月二九日の日経平均株価の終値《おわりね》は、三万八九一五円八七銭の史上最高値をつけた。

ドル安・円高と株高・土地高のバブルによって、巨額のあぶく銭《ぜに》を手にした日本企業が、いっせいに対米投資に乗り出すという副産物を生んだ。

プラザ合意後の一九八六年初めあたりから、日本企業は米国のビルやホテル、企業を次々と買収していった。

ソニーは一九八七年一一月、米国の三大ネットワークの一つであるCBSのレコード事業部門のCBSレコードを、二七〇〇億円で買収した。CBSレコードは現在、ソニーグループの音楽系事業会社ソニー・ミュージックエンタテインメントの一部になっている。

米国買いが大型化したのは、バブルのピークとなった一九八九年から九〇年にかけてだった。巨額買収の口火を切ったのが、ソニーによるコロンビアの買収だった。

〈八〇年代後半に入って加速した日本の米国買いに不快感を募らせるアメリカ国民は多かった。ソニーのコロンビア買収は積もり積もった反日感情に火を点けた〉（注4）

「ソニー神話」が輝いていた時代

井深大《いぶかまさる》と盛田昭夫――。

敗戦直後、日本橋の白木屋《しろきや》三階で二人が手をたずさえてつくった東京通信工業（現・ソニー）は、日本の戦後復興を上回るスピードで、世界のソニーへの道を駆け上がっていった。

「モノづくりの天才」といわれた井深が開発した製品を、国際感覚にすぐれたマーチャント（商売人）の盛田が海外に売り込み、「SONY」を世界屈指《くっし》のブランドに育てあげた。テープレコーダー、トランジスタラジオにはじまり、トリニトロンカラーテレビなど次々とヒット商品を産み出し「ソニー神話」は燦然《さんぜん》と輝いていた。

焼け跡から誕生したソニーの初代社長は、井深の義父の前田多門《まえだたもん》。二代目社長の井深大は、一九五〇年から一九七一年までの長期にわたりトップの座にあった。

井深の引退後、一九七一年に三代目社長に就いた盛田は、一族を引き立て、経営陣を盛田ファミリーが独占した。「盛田商店」との批判を受け、短期政権で終わった。

一九七六年に、生家が隣同士の幼なじみの岩間和夫《いわまかずお》を四代目社長に就け、盛田は会長に退いた。

コロンビア映画買収時の首脳陣を見ておこう。会長が盛田昭夫、社長は大賀典雄の布陣だった。

大賀は東京芸術大学音楽部在学中に、テープレコーダーで再生された音質について鋭い意見を述べたことからソニーの創業者である井深大と盛田昭夫に見込まれ、ソニー（当時は東京通信工業）と嘱託《しょくたく》契約を結んだ。

バリトン歌手を志《こころざ》し、ベルリン国立芸術大学音楽部に留学。卒業の二年後の一九五九年に、正式にソニーに入社した。二九歳のときだった。

一九七六年からソニーの副社長として盛田会長の社外活動を支えていた。が、一九八〇年に、ソニー本社から米ＣＢＳとの合弁会社ＣＢＳ・ソニーレコードの会長に転出した。搭乗していたヘリコプターの着陸事故の責任を問われたといわれている。

ところが四代目社長の岩間和夫が急逝《きゅうせい》し、大賀が急遽《きゅうきょ》、子会社から本社に呼び戻されて、一九八二年に五二歳で社長に就任した。リリーフ登板だった。

ＶＨＳ対ベータの主導権争いに敗れていたソニー

ソニーによるコロンビア買収は、わからないことが多すぎた。最大の謎は「なぜ買収したのか」という根本的問題である。ソニーのミステリーの一つとして、今日まで語り継がれている。

当時、ソニーの買収には大きく分けて三つの狙いがある、と業界人は見ていた。

一つ目は、映画産業という映像ソフトビジネスそのものを手がけることによる収益源の拡大。ヒット作はビデオ化され、テレビ局に放映権を高く売れる。映像ソフトビジネスで興行収入を上回る収益が見込める。

二つ目は、８ミリビデオをはじめとしたハード機器の販売との相乗効果だ。

ソニーは、「第一次ビデオ戦争」といわれたＶＨＳ対ベータの主導権争い（家庭用ビデオ規格争い）に敗北していた。規格争いに負けると、映画・テレビ会社はビデオソフトをつくってくれない。ビデオソフトの少なさがハードのシェアを低下させ、それがまたソフトの減少につながる悪循環の恐怖を身にしみて感じていた。

三つ目は、将来のビジネス・チャンスに向けた先行投資。衛星放送や高品位テレビなど次世代の映像メディアが普及し、家庭で何十チャンネルもの放送が楽しめるようになったとき、コロンビアが持つ二七〇〇本の映画は、新たな商品として価値を持つことになる。

あとになって、ソニーは「ソフトとハードは両輪」という便利な言葉で買収の意義を説明しようとした。テレビ受像機というハードだけでなく、ソフトを手がけてこそ、相乗効果が期待でき、「SONY」ブランドが人々の生活により深く浸透するという主張である。

「ソフトとハードは両輪」は大賀のトレードマークとなった。

しかし、当時、ソフトとハードを一緒に手がけている会社はどこにもなかった。なぜ、ソニーが、テレビ受像機というハードと映画・ソフトの両方をやるのか。結局、誰も説明できなかった。

映画会社買収の目的が見えない

国内外のジャーナリストは「ソニーはなぜコロンビアを買収したか」に目を向けた。荻正道《おぎまさみち》は『ソニーが危ない！』（彩図社）で盛田昭夫の晩節の妄想《もうそう》に言及している。

盛田には、大賀典雄に限らず、岩間和夫の場合も含めて、強引に自分の望む方向に人を引き込み、自分の事業欲を実現しようとする傾向がある。「この人の夢をかなえてあげたい」と思わせる盛田の人間的な強さと魅力が、ソニーの求心力と活力の源泉になった。

〈コロンビア映画の買収は、CBS・ソニーのときと同様、やはり盛田昭夫氏が震源地であったと言うしかない。盛田氏の拡張主義こそそもそもの発端だった。CBS・ソニーのときも、他社のようにレコード会社を持ちたいという思いがすべてであり、大賀氏によって成し遂げられた画期的なハードとソフトの相乗戦略など、初めから計算があったわけではない。

とすれば、映画会社に関しては、他のメーカーが映画会社は持っていないからこそ欲しいということではなかったか〉（注5）

経営管理者の大賀の判断は、おそらく買収（交渉からの）撤退だったと思われる。とても計算できる事業ではない、というのが正直な判断だっただろう。しかし、盛田の意向である以上、この事業に挑戦するのは当然のことだった。

そもそもソニーは計算できることをやってきた会社ではない。周囲から無謀といわれることに挑戦してきたベンチャー企業だ。ハリウッドの映画産業に進出したからといって、いまさら驚くにあたらない。

〈挑戦を放棄すれば、ソニー・スピリッツというソニー最大の無形資産は喪失《そうしつ》するのではないかと考えたのである〉（注6）

巨額買収を決めた盛田の執念

ソニーの企業活動を米国文化・社会のレンズを通して描き出したドキュメンタリー、ジョン・ネイスン著『ソニー　ドリーム・キッズの伝説』（文春文庫）は、華麗なる〝正史〟には書かれなかった新事実が満載である。特に、コロンビア買収の真相を追撃するくだりに迫真の場面がある。

同書はコロンビア買収について「すべては会長のために　コロンビア映画買収の真相」というタイトルで一章を割《さ》いている。

一九八九年八月、東京で経営会議が開かれた。会議には盛田と大賀を加え、六人の正式メンバーがいた。

ソニー・アメリカの会長に派遣されることになる盛田の弟の正明《まさあき》、執行副社長でソニーの放送・業務用ビデオ事業を立ち上げた森園正彦《もりぞのまさひこ》、大賀の腹心で相談相手の一人である常務の橋本綱夫《はしもとつなお》、それに執行副社長で当時大賀の後を継ぐ社長候補の筆頭との噂があった岩城賢《いわきさとし》が席に連なった。

会議は、幹部たちが「昭夫会長」と呼ぶ盛田がはっきりと結論を口にして、初めて決定が下されるのがルールだった。大賀は、経営トップ（社長）だが、見解や希望は述べても、盛田の前では、そうしろと言われないかぎり断定的意見を述べないように気をつけていた。

会議の議題はコロンビア買収の件だ。

大賀は、不安を表明しろという盛田の誘いを受け入れた。

〈価格は法外な高さのままで、ハーバート・アレン（筆者注・売り手代表の投資銀行家）は一株三十ドルの提示価格を変えるつもりはないように見受けられる。おまけに自分は音楽事業に関して知悉《ちしつ》しているが、ハリウッドについては何も知らない。さらに健康上の問題がある……。大賀は当面の話をして口をつぐんだ。次いで盛田が言った。現在のところ、コロンビア買収を中止するのが賢明だと思われるから、今回は見合わせよう、と提案した。岩城は議事録に「会長は、コロンビア買収を断念」と記した〉（注7）

〈その夜、経営会議のメンバーたちが夕食をともにしたとき、盛田が偶然に一言発言しなかったら、コロンビア買収はそのまま中止されていたかもしれない、と岩城は語る。

会話が途切れたとき、盛田は湯飲みを置いて静かに言った。「非常に残念だ。俺はハリウッドの撮影所を持つことをいつも夢見てきたんだ」誰もなにも言わなかった。だが、会議が再開されると、大賀は、よくよく考えてみたが、自分も会長と同じ思いであり、やはりソニーは買収を進めるべきだと思う、と述べた。盛田は同意し、結論となった。前回の岩城の記録は、会長、コロンビア買収を進める、と改められた〉（注8）

ソニーがコロンビア買収を決めた瞬間である。

ソニーの運命を決する巨額買収は、経済合理性にもとづくものでなく、盛田がハリウッドに撮影所を持ちたいという執念《しゅうねん》から生まれたものだったのである。

コロンビアの買収が成功した一九八九年、盛田は大賀の功績を認めて、大賀をソニーの最高経営責任者（ＣＥＯ）に就けた。

映画ビジネスがわからず現地幹部に丸投げ

大賀時代のソニーの悲劇は、コロンビアの買収からはじまった。その悲劇とは、かつてCBSレコード買収で主役を演じたウォルター・イエトニコフから紹介を受け、ハリウッドで名が知られているピーター・グーバーとジョン・ピーターズの二人を新しく雇ったことだった。

二人はコンビを組んで映画プロデューサーとして活動し『バットマン』『レインマン』などを成功させた。

大賀は映画ビジネスについて不案内だったため、コロンビア映画の運営を彼ら二人に任せた。それをいいことに、彼らは自分のために金を使いまくった。

ソニーの元幹部だった原田節雄《はらだせつお》の憤激の書『ソニー 失われた20年』(さくら舎)によると、この二人を雇うにあたり、ソニーは仰天《ぎょうてん》するとしかいいようのないような便宜《べんぎ》を与えたと書かれている。

〈・グーバーとピーターズが持つ赤字会社を二億ドルで買い取ること(注・市場価格の二倍)

・雇用契約保証期間を五年間とすること(注・通常は一年契約で毎年、契約更改)

・二七五万ドルの年俸を払うこと(注・約四億円)

・五〇〇〇万ドルのボーナスをプールすること(注・約七〇億円)

・契約保証期間中にスタジオ(=コロンビア映画)の株価が上昇したら、それに見合う報奨金を支払うこと

ところが、彼ら二人はソニーよりも先にワーナーと業務委託契約を結んでいたのです。そのために、

ソニーはワーナーから訴訟を起こされました。彼ら二人との契約書作成に、ソニー経営陣は十分な調査をしていたのでしょうか。その訴訟を和解に持ち込むために、ソニーは買収費用に加えて約八億ドルを使っています。

（中略）結果的に、ピーター・グーバーとジョン・ピーターズを雇用するにあたり、ソニーはコロンビア・ピクチャーズの買収に使った五〇億ドル（原文のママ、正確には四六億ドル）に追加して約一〇億ドルの出費を負担することになりました〉（注９）

引用をつづけてみよう。

〈こんな二人個人の報酬として、ソニー経営陣が五年間に支出した一〇〇〇億円を超える金額。それは米国プロ野球のスター選手の年俸と比較しても、法外だとしか言いようがありません。ソニー本社で働くエンジニアの給料と比較したら、数千人の優秀なエンジニアが雇える金額です。

ソニーが彼らアメリカ人に与えていた役得の内容、彼らの毎日の暮らしぶり、それに彼らが受け取っていた報酬と解任時に受け取った退職金の額を聞いたら、たいていの日本人は仰天することでしょう。それはソニーという大企業の屋台骨を揺るがすほどの額、コロンビア・ピクチャーズが毎年垂れ流していた数百億円の赤字に匹敵《ひってき》する額だといわれています〉（注10）

強欲プロデューサーのやりたい放題

ピーターズがコロンビア・ピクチャーズの共同代表に就任した瞬間から、ド派手な言動が芸能メディアを喜ばせた。

映画に経験のない昔の妻たちや恋人たちに、高額の製作契約金を与えた話。金髪美人の集団が、異様に高い給料で秘書や個人的な助手という名目で雇われた話。ロサンゼルスの北の裕福なサンタバーバラで屋敷を売買した話。ピーターズがソニーのジェット機をロンドンに飛ばしたが、乗客は一人もいなくて昔の恋人へ贈る花が満載されていた、という話もある。

ピーターズはイベント屋であって、映画スタジオを経営したり運営したりする能力はなかった。さすがにソニーも堪忍袋《かんにんぶくろ》の緒《お》が切れて、一九九一年五月に二人を解任した。

買収から、およそ五年たった一九九四年、放漫《ほうまん》経営と経営陣の無軌道な浪費の実態を暴露する『ヒット・エンド・ラン』という内幕本が米国で出版された。

ソニーの経営者が映画ビジネスに無知なことをいいことに、二人のプロデューサーがソニーを食い物にしていくさまと、ソニーのお人好《よ》しぶりが暴露されていた。

ソニーの社員たちがコロンビア映画の実態を知るのは、この本によってだった。

無借金経営から借金二兆円の会社へ

二人を解任した一九九一年に、ソニーはやっと社名をソニー・ピクチャーズに変更した。現在のソニー・ピクチャーズエンタテインメント（ＳＰＥ）の一部だ。

コロンビア映画の乱脈経営に、盛田や大賀の苦悩は深かった。盛田の映画事業への夢は危機的な状況に追い込まれた。コロンビア映画の買収は、盛田の晩節を汚す決断となった。その心労からだろうか。一九九三年、盛田はテニスをやっている最中に、脳溢血《のういっけつ》に倒れた。

ソニー社内でも、映画会社買収は失敗だったという社員の声がささやかれるようになった。

この頃の社内の空気を前出の原田は、こう書き留めている。

〈ソニーがコロンビア・ピクチャーズを買収した日から、この映画会社は毎年、数百億円の赤字を垂れ流し続け、その間接的な補塡《ほてん》に日本のエレクトロニクス部門が叩き出した利益が使われました。旧ソニー本社NSビルの七階に住む一部の役員と六階に住む一部の経営戦略担当社員はその事実を知っていましたが、彼らが自分自身の問題として捉えることはありませんでした。（中略）数年間で、ソニーは実質無借金経営だった優良会社から、二兆円近い借金を抱える会社になっていたのです〉（注11）

株式市場では、ソニーがコロンビアを売却するのは時間の問題、という観測が広がっていた。しかし、大賀はコロンビア映画を売却する決断をできなかった。盛田は車椅子の生活を余儀《よぎ》なくされていたが、存命だったからだ。

盛田の鶴の一声で決まった映画産業への進出を覆《くつがえ》すことは、タブーだったのである。

誰も責任を取らない無責任体制

ソニーは一九九五年三月期の連結決算で、二九三三億円の最終赤字に転落した。

第2四半期（一九九四年七月～九月）に、コロンビア・ピクチャーズの買収にともなう営業権のうち、二六五二億円を減損処分した。同時に、映画部門の契約上の紛争の和解費用など五〇〇億円を損失として計上したことで、一気に赤字に転落した。

ハリウッドへの進出は、三〇〇〇億円超の損失という高い買い物についた。

日本人のアナリストは巨額の減損措置をしたことを、「ソニー社長の大賀典雄が株主の金を三〇〇〇億円無駄遣いした、ということだ」と痛烈《つうれつ》に批判した。

大賀は社長兼会長兼最高経営責任者を辞任して、経営責任を取ると誰もが思った。ほかの会社なら、株主総会を待たずに、この時点で辞意を表明していたことだろう。

だが、ソニーという会社の辞書には「経営責任」という言葉はなかった。

ハリウッドは盛田昭夫が晩年、抱いてきた夢だった。それを実現したのが大賀である。

たしかにコロンビア映画を買いかぶって災厄《さいやく》を招いたが、盛田昭夫に累《るい》をおよぼすことになる大賀批判はできなかった。

それでも、世間の無言の圧力により、大賀は社長辞任を余儀《よぎ》なくされた。

一九九五年、盛田ファミリーにつながる出井《いでい》伸之《のぶゆき》を六代目社長に抜擢《ばってき》して、大賀は会長に退いた。

社長と会長とCEOの三つの役職を分離させ、出井が社長になってからも、大賀は七〇歳になるまで最高権力者であるCEOの地位を出井に譲らなかった。出井時代の前半は、じつは大賀の院政だった。

六代目社長の出井伸之、七代目社長のハワード・ストリンガーも株主総会では経営責任を厳しく追及されたが、結局二人とも執行役を退任後、最高顧問・アドバイザリーボード議長や取締役会議長に就任して、院政を敷いた。

巨額の赤字を垂れ流しても、その経営責任は問われないというソニー流の無責任体制がはじまったのはコロンビア映画の買収のときからだ。

この悪《あ》しき慣行は、いまでも脈々と生きつづけている。

教訓▼ブームに酔ったM&Aはケガのもと

一九八〇年代後半、大企業経営者の多くは熱病に冒《おか》されていた。株や土地の上昇が永遠につづくという幻想にとり憑《つ》かれていた。

熱気に煽《あお》られて、ソニーは米国買いに走った。だが、米国の老舗映画会社、コロンビア・ピクチャーズの買収は、「ブームに酔ったＭ＆Ａは失敗する」という、教科書どおりの結果に終わった。

ソニーのコロンビア買収の最大の失敗は、ガバナンス（企業統治）を放棄したことである。経営を二人のプロデューサーに丸投げした。

ソニーが映画産業に無知であることを見透かした二人は、放漫経営で浪費をつづけた。そうしてつくった映画は、当たり前だがヒットしなかった。

コロンビアは巨額の赤字を垂れ流しつづけ、とうとうソニーは買収五年後に、買収した金額の、およそ半分の減損処理に追い込まれた。

「経営のハンドリングが万全にできないのなら、買収するな。出資にとどめておけ」

これが生きた、苦い教訓である。

ソニーの凋落《ちょうらく》は、コロンビア映画を買収したときにすでにはじまっていた。

第４章　三菱地所――日本流の投資判断は通用せず

▼米ロックフェラー・センターの買収

予定より一〇〇〇億円ふくらんだ買収金額

ソニーのコロンビア・ピクチャーズの買収から一ヵ月後の一九八九年一〇月三一日、今度は三菱地所によるロックフェラー・センターの買収が明らかになった。

三菱地所はロックフェラー・センターの持ち主であるロックフェラー・グループ社の株式の五一％を、八億四六〇〇万ドル（当時の為替レートで一二〇〇億円）で取得すると発表した。

高層ビルが立ち並ぶ地区にあるロックフェラー・センターは、米国の富を象徴する記念碑《ひ》であり、ニューヨークの名所でもある。

旅行案内でニューヨークを紹介するときに必ず出てくるのが、世界一大きなクリスマスツリーが飾られ、冬はスケートリンクが開設されるロックフェラー・センターだ。

ニューヨーカーに衝撃が走った。日本で喩《たと》えれば、三菱財閥《ざいばつ》のシンボルである丸ビルを韓国企業が買ったようなものだ。面白かろうはずがない。

米国を代表する新聞ニューヨーク・タイムズは一〇月三一日付の一面で、「日本人がニューヨークの記念碑を買収」と大々的に取り上げた。

テレビのニュース番組は、ソニーによるコロンビア映画買収と合わせて、ロックフェラー・センターの買収をくり返し報じた。なかには、ゼロ戦（三菱零《れい》式戦闘機）が登場する戦争映画の一シーンを流し、かつての日本の脅威《きょうい》と、意図的にイメージをダブらせようとした番組があったほどだ。

一一月一日付のニューヨーク・デーリーニューズ紙は、痛烈《つうれつ》な風刺マンガを掲載した。ロックフェラー・センターの一角にあるラジオシティ・ミュージックホールが芸者のラインダンスに占拠《せんきょ》され、三菱に買収されたホワイトハウスの前でブッシュ大統領が、

「まだ艦隊が残っていたら東京湾へ派遣するんだが」

とボヤいている図柄になっていた。ジャパン・マネーの洪水に押し流される政財界の指導者たちを、ストレートに皮肉った内容だった。（注1）

三菱地所は一二〇〇億円で買収すると発表したが、この金額ではおさまらなかった。

円高と国内の土地高を背景に、「三菱地所が米国へ投資したがっている」と足元を見透かしたロックフェラー側は、もっと高値で売りつけることを考えていた。交渉過程で、どんどん金額を上積みしていった。

結果的に、三菱地所は一九九一年までに株式を買い増し、ロックフェラー・グループ社の株式の八〇％を手にしたことになる。最終的な買収額は二二〇〇億円に上った。当初より、一〇〇〇億円もふくらんだわけである。

頭に血がのぼった三菱地所の経営陣は、この買収がバブルの悪夢のはじまりとはまったく認識できていなかった。

ロックフェラー財閥側からのオファー

ロックフェラー・センターは、米国ニューヨーク市ミッドタウンのマンハッタン五番街および六番街にある、超高層ビルを含む一九棟のビル群からなる複合施設だ。

石油採掘で巨万の富を築いた財閥の創始者であるジョン・D・ロックフェラーが、一九二九年の大《だい》恐慌《きょうこう》のさなかに着工し、すべての建築物が完成したのは一〇年後の一九三九年だった。

この高層ビル群は、大恐慌の危機を乗り越えて再生を果たす米国経済の力を世界に見せつけた。

ロックフェラー・グループ社（ＲＧＩ）は、ロックフェラー財閥傘下《さんか》の非上場の不動産会社である。一九八六年一二月に三井不動産が六億ドル超で買収したエクソンビルなどをのぞく一四棟を、ＲＧＩは所有していた。ビル群のなかにはロックフェラープラザ、タイムライフビル、ＡＰ通信本社ビルなどがある。

幾何学《きかがく》的な装飾美で一世を風靡《ふうび》したアール・デコ様式の劇場ラジオシティ・ミュージックホールは、

数多《あまた》の映画や小説の舞台となった。ロックやポップスのコンサートやミュージカルの公演で入場者の列ができる。日本のミュージシャンにとって憧れの聖地でもある。

ＲＧＩ株式の大半は、ロックフェラー一族の資産管理会社ロックフェラー・ファミリー・トラスト（ＲＦＴ）が保有しており、三菱地所はＲＦＴから株式を譲り受けた。

当初は、一九八九年一月にロックフェラー側から再開発のパートナーになってくれないか、との申し入れがあり、三菱地所はこれを検討していたが、同年七月になってＲＧＩ社を買ってくれないかという打診に変わった。

ロックフェラー財閥の総帥《そうすい》はデービッド・ロックフェラー。チェース・マンハッタン銀行のトップを長くつとめた米政財界の大物である。ニューヨーク郊外の広大な敷地に大邸宅を構える一族が築いてきた資産は、総額二〇兆円以上にのぼるとされる。

そんな世界の大富豪が、巨大財閥の輝かしい歴史と財力を物語るロックフェラー・センターを手放すのか？

日本でいえば、丸の内の大家と呼ばれる三菱地所が、丸の内のビル群を売却するようなものだ。およそ考えられない。

三菱地所の経営陣は、ＲＦＴのオファーに、最初は懐疑的だった。

日米で異なる不動産の評価ポイント

どのような目算があって、ロックフェラーはロックフェラー・センターを売りに出したのか。なぜ、三菱地所は買収に応じたのか――。日本と米国に、土地・不動産に対する考え方の違いがあることを知っておかないと理解できない。

日本では企業が保有する不動産を含み資産として評価するが、そもそも米国には含み資産に該当する経済用語はない。

米国ではデベロッパーはビルを造って、テナントを入れた後、長期にわたって、そのビルを保有・運営することはほとんどない。テナントが一杯になって、利回りが最高になったところでビルを売るのが、普通だ。ビルを持つために造るのではなく、売るために造る。

したがって、ビルの資産価値が重要になる。投下資本に対する年間賃貸料の割合、つまり利回りが、ビル売買の判断基準となる。

これに対して、日本ではビルそのものではなく、土地の資産価値に重きを置く。土地本位制だ。地価が右肩上がりで上昇しつづけてきた土地神話が背景にある。土地を長期保有することで、含み資産をふくらましてきたからだ。

土地の資産価値があるのは一等地だ。たしかに、ロックフェラー・センターは、ニューヨーク、マンハッタンの超一等地に建つ物件だった。

買収を決定したのは「みなとみらい21」を立案した社長

ロックフェラー・センターの買収を決断したのは三菱地所の四代社長の高木丈太郎《たかぎじょうたろう》である。敗戦による財閥解体を経て、三菱は企業集団として復活した。

三菱地所は三菱グループの本拠地である東京のビジネス街、大手町・丸の内・有楽町地区にオフィスビルを保有する役割をになった。

新生・三菱地所の初代社長は渡辺《わたなべ》武次郎《たけじろう》。二代社長の中田《なかだ》乙一《おとかず》、三代社長の伊藤《いとう》達二《たつじ》の後を継いで高木丈太郎が四代目社長に就任したのは、バブルの熱狂がはじまる一九八七年だった。

高木は昭和に元号が替わった翌年の一九二七年四月の生まれ。中央大学経済学部を卒業し、一九五〇年に旧三菱地所に入社した。管理部長、総務部長などを経て一九七七年に取締役に昇格。横浜の「みなとみらい21」計画を、企画部長として立案した。

「みなとみらい21」は、神奈川県横浜市のウォーターフロントの再開発事業である。

三菱重工業横浜造船所のドック跡地、国鉄高島ヤード（操車場）跡地、横浜埠頭《ふとう》跡地、埋め立て地を含む地域での再開発計画を、一九六五年に横浜市が発表。県や民間企業も加わり、一九八三年に着工した。

三菱地所は、「みなとみらい21」の中核をになう横浜ランドマークタワーを建設した。七〇階建て、高さ二九六メートルの超高層ビルで、オフィスのほかホテルやショッピングモールなどで構成される複合施設だ。

社長に就任した高木の使命は、横浜ランドマークタワーを完成させることだった。社長在任中の一九九〇年に着工し、一九九三年七月に開業した。高木がデベロッパーのリーダーとして誇る勲章《くんしょう》が横浜ランドマークタワーである。

ロックフェラー・センター買収で箔をつけたい

高木は企画段階から関わった「みなとみらい21」プロジェクトに思い入れが強かったが、「ロックフェラー・センターの買収には、さほど乗り気でなかった」（三菱地所の元役員）といわれている。

当時、高木の秘書をつとめ、のちに七代目社長になる木村恵司《きむらけいじ》（現・会長）は、日本経済新聞（二〇一二年四月二日付朝刊）の「私の課長時代」のコラムで、ロックフェラー・グループ社の買収を次のように回想している。

〈「どう思う」。当時の高木丈太郎社長に聞かれました。ニューヨーク・マンハッタンに高層ビル群を抱えるロックフェラーの株式取得についてです。一〇年の秘書生活では社長の海外出張に同行し、意見もよく求められました。ロックフェラーの件は「もう少し多角的に検討した方がいいのでは」と答えました。（筆者注・買収の）提案を持ち込まれた高木氏は悩んでいました。案件が大きいだけに「相手を知る時間が必要だ」と感じたのです。

当社は当時、収益基盤を広げる途上にありました。私も「（主力地盤である）『丸の内』のほか、全国的に開発投資をしては」と意見したことがあります。そうした機運の中で、横浜ランドマークタワーなどの開発計画が進行しました。
ロックフェラー買収ではライバルも浮上しました。髙木氏ら経営陣は様々な要素を十分に検討し決断しました。投資総額は二〇〇〇億超。間近で見た経営者の決断には重みがありました〉（注2）

木村が書く「ライバル」とは、三井不動産と日本生命保険である。ロックフェラー側は両社にも買収を打診していた。

髙木が買収を決断した裏には、海外進出の立ち遅れに対する焦《あせ》りがあった。一九八六年以降、日本の不動産会社はバブルの熱病に冒されたように米国買いにのめり込んでいた。

秀和はロサンゼルスでアルコプラザ、三井不動産はニューヨークでエクソンビル、住友不動産はニューヨークでティッシュマンビル、新興の第一不動産は、同じくニューヨークのティファニービルを買収した。

日本のメディアは、これをどう報じたのか。『AERA』（一九九九年一一月一四日号）はこう書いた。

〈大型買収に踏み切ったのは、やはり、世界経済のボーダレス（無国籍）化、統合への動きに乗り遅れまい、との判断だろう。それに海外に進出する三菱グループ各社からの突き上げも無視できなかった。（筆者注・ロックフェラー・センターの買収を）国内での反転攻勢へのテコにしたい思惑もある〉（注3）

バブルの時代、三菱地所は旧財閥系最大の不動産会社という名門のプライドから、なりふり構わない地上げはしてこなかった。

その点、世界最大、最先端のニューヨークで、ロックフェラーという世界的ブランドの不動産会社を傘下《さんか》に持つことは、三菱地所に箔《はく》をつけることになる、といった勝手な読みがあったことは間違いない。

髙木は日本空手道松濤館流《しょうとうかんりゅう》五段だ。同流の奥義《おうぎ》は〝一撃必殺〟。一撃必殺でロックフェラー・センターを射止めた、はずだった。

老朽ビルを高値で買わされたという辛口評価

三菱地所がロックフェラー・グループ社を手に入れることができたのは、米国でＲＥＩＴ《リート》（不動産投資信託）が解禁になったことと無関係ではない。

ＲＥＩＴは投資家から集めた資金でオフィスビルや商業施設、マンションなどの不動産を購入し、そこから得られる賃貸収入や売却益を投資家に配当として支払う仕組みの投資信託だ。

米国では税制の改正で、ＲＥＩＴに不動産の運用や管理などの業務を委託できるようになった。ＲＥＩＴは動かない不動産を動かし、これに流動性を与えたという意味で、画期的な金融商品となった。

自社の所有物件をそっくり別会社に移し、その会社をＲＥＩＴに売却して、投資家から資金を調達する。土地・不動産が、ストレートに金融商品になったのである。日本でＲＥＩＴが解禁になるのは二〇〇〇年である。

ロックフェラー財閥の面々は、REITに飛びついた。一八五人といわれるロックフェラーの末裔《まつえい》たちは、一九三四年に設立された一族の資産管理会社ロックフェラー・ファミリー・トラスト（RFT）から収入を得ていた。

彼らは先祖が遺《のこ》した莫大《ばくだい》な不動産を持ちつづけるよりも、それをキャッシュ（現金）に換えるほうを選択した。

ロックフェラー・グループ社は一九八五年にREITを設立。ロックフェラー・センターに抵当権を設定し、それを担保に一三億ドルの融資を受けた。このカネはロックフェラー・ファミリーに配当として分配された。借金はロックフェラー・センターの賃料で返済する腹づもりだった。

ロックフェラー・センター周辺の地価は、平均で年率一〇％程度上昇していた。しかし、ビルの賃貸料はそれに見合うかたちでは増えない。

ロックフェラー・グループ社の経営陣が一族から信認されるかどうかは、年間いくらの現金をロックフェラー家の人々に配分できるかにかかっていた、といっても過言ではない。

ロックフェラー・グループ社は、これに勝負をかけた。しかし、地価の評価額の上昇に追いつくだけの現金の配当は、不可能だった。

資産の時価と収入に差がありすぎるときに、どうするか。資産を売却して、ほかの運用先に投資するのが常道だ。だから、一九棟のビルのうち三井不動産などに切り売りしたビルをのぞき、一四棟を三菱地所に売却したのである。

米国の不動産業界は、ロックフェラーはうまく売り抜けたと評価した。

一九三〇年代に建てられ、老朽《ろうきゅう》化していて高い家賃収入が望めない、投資向きでないオンボロビルを、三菱地所は高値で買ったと笑われていた。

超一等地の土地を買ったと胸を張る三菱地所と、利回りを重視する米国の不動産ビジネスの考え方の違いが浮き彫りになった。

バブル崩壊で消えた「丸の内マンハッタン計画」

一九九〇年代に入ると、日本国内でバブルがはじけた。バブル崩壊で高木の「丸の内マンハッタン計画」は消し飛んでしまった。

一九八八年一月、三菱地所社長の高木は、丸の内マンハッタン計画と呼ばれることになる「丸の内再開発計画」を発表した。

丸の内を中心とした一帯に、高さ二〇〇メートルクラスの四〇〜五〇階の超高層ビル六〇棟を建設し、丸の内を世界有数の国際金融センターに変貌《へんぼう》させるという、壮大なものである。完成は、着手から三〇年後を想定していた。

一〇〇〇%だった容積率を、国や東京都に働きかけて、世界最高水準の二〇〇〇%に是正《ぜせい》してもらう。そのうえで、商業ビルの延べ床面積を現在の四七二ヘクタールから一二〇〇ヘクタールへと、三倍近く引き上げるという計画だった。

だが、バブル崩壊とともに、丸の内マンハッタン計画は挫折《ざせつ》した。いかにもバブル時代らしい、豪壮だが空虚な計画だった。

二〇〇〇年代に入って丸の内の再開発が進み、丸の内地区は三〇棟を超える超高層ビル群を形成している。だが、高さは二〇〇メートル以下、四〇階建て未満のビルがほとんどで、「マンハッタン」と呼ぶにはほど遠い、堅実なプランになっている。

本場の米マンハッタンには、一〇〇メートル以上の超高層ビルが四〇〇棟も林立し、うち二〇〇メートル以上が六八棟、三〇〇～六〇〇メートルの超超高層ビルが八棟もある。

高木がデベロッパーとしてやりたかったのは「丸の内マンハッタン計画」だったのだろう。

しかし、バブルがはじけて、計画は幻《まぼろし》で終わった。米国では、買収したロックフェラー・グループ社の経営が悪化した。

一三億ドルの借金も肩代わり

NHKテレビは二〇〇五年四月二四日、『日本の群像 再起への20年』を放送した。第一回は「トップの決断」。三菱地所社長（当時）、高木茂《たかぎしげる》のロックフェラー・センターからの撤退を取り上げた。

ロックフェラー・センターを買収した高木丈太郎は一九九四年に社長を退任。第五代社長に福澤《ふくざわ》武《たけし》が就いた。福澤は福澤諭吉の曾孫にあたる。

福澤の後を継いで、第六代社長になったのが高木茂だ。ロックフェラー・グループ社からの撤退を決断したのは福澤武で、決断を補佐したのが当時、常務だった高木茂である。

ＮＨＫのドキュメント番組は、バブルの熱気に浮かされた雰囲気を伝えていた。三菱地所の交渉チームの加藤拓男《かとうたくお》（海外事業部長）はこう語った。

〈日本ですとね、（この金額では）ビル一棟分の敷地しか買えないですね、二〇〇〇億円というのは。そのときのニューヨークですとね、ビルの敷地と建物を含めて一四棟分を実際に取得できる。日本で同額の投資をするんなら、むしろニューヨークで投資をしたほうが相対的に有利（と判断した）〉（注4）

バブルの時代、三菱地所が保有している東京・丸の内一帯の不動産の含み資産は、一〇兆円といわれた。地価が右肩上がりをつづけるという土地神話は、日本の津々浦々をおおっていた。

東京の地価高の魔法にかかり、米国の不動産価格は割安に映った。狂った尺度で測ったから、ロックフェラー・センターは「お買い得」の物件となったのである。

三菱地所に警告を発した人物がいなかったわけではない。不動産業界での実績を買われアドバイザーの一人となったビリー・バージだ。「この買収には、危険がひそんでいる」と指摘した。

ロックフェラー・グループ社はＲＥＩＴの導入で、一三億ドルの借金を抱えていた。三菱地所によるロックフェラー・グループ社の買収は、事実上、この借金を肩代わりすることを意味する、とビリー・バージは指摘した。

〈ロックフェラー・センター一四棟のうち一二棟を担保にした一三億ドル（約一五〇〇億円）以上の

借金と、その金利の支払いが大きすぎる。不動産は日本と違って、アメリカでは、株や債券と同じ金融商品だ。この取引は危険が大きいと警告した〉（注5）

急拡大をつづける日本企業は、世界最強という「ユーフォリア（陶酔的熱病）」にとり憑《つ》かれていた。三菱地所は警告を聞く耳を持たなかった。バージは「反対する気力が失《う》せた」と語っている。

賃料暴落で利益の出ない劣悪物件と化す

三菱地所がロックフェラー・センターを手に入れた頃から、米国の不動産市況は急速に悪化しはじめた。

一九八六年以降、オフィスビルの供給は過剰であった。マンハッタンのオフィスの空室率は二〇％に達した。一九九四年、ロックフェラー・センターは賃料改定で、一スクエアフィート（〇・〇九二九平方メートル）あたりの賃料を、一九八五年当時の五五ドルから三〇ドル台にまで引き下げた。

ロックフェラー・グループ社の一三億ドルの借金の利払いは、担保に提供している一二棟のビルの賃貸収入でまかなうことになっていた。金利は当初の七・五％程度から八・五％近くまでスライドして上昇する契約になっており、これが二〇〇〇年までつづく。

賃料の暴落で、賃料収入は減りつづけた。しかも、この賃料は借金の金利の支払いで消え、ロックフェラー・センターはまったく利益を上げない劣悪《れつあく》な物件と化した。

経営はロックフェラー側にまかせていたため、三菱地所に危機感はなかった。三菱地所の社内で最初に異変に気づいたのは、当時、経理担当常務だった高木茂である。

今後の収入と支出の見通しを洗い出した結果、この状態が五年つづけば、少なくとも三億六〇〇〇万ドル、およそ五〇〇億円の資金が不足し、巨額の追加資金が必要になることがわかった。

高木は、こう語っている。

〈なんだ、これはと思いました。バブルがはじけちゃって、年ごとにドンドン利益が落ちていくという状況だったですね。だから、これは先延ばししちゃ、駄目じゃないかって〉（注6）

ロックフェラー・センター撤退で一五〇〇億円の特別損失

ロックフェラー・グループ社が抱える、解消するメドがまったく立たない巨額な借金をどうするのか。取りうる手段は二つあった。

一つは借金をなくすため、担保の一二棟の権利を放棄すること。もう一つは、ロックフェラー・グループ社に融資している債権者である会社を、丸ごと買収することだった。買収してしまえば借金もなくなり、ロックフェラー・センターを所有しつづけることができる。

外部のアドバイザーは、一二棟の権利の放棄の選択がベストだと進言した。

経営陣のなかには、撤退せず一等地を保有しつづけたほうがいい、という思いが強くあった。買収に関わった幹部は特にそうで、一二棟の権利放棄に難色を示した。

一九九四年、高木丈太郎の後を継いで社長に就いた福澤武のもとに、長期保有か売却かを検討する会議が立ち上げられた。

「せっかく投資したのに、一二棟を借金のカタに取られてしまうのはもったいないから、長期保有したほうがいい」と主張するのが多数派。「債権を保有している会社を買収するのに新たに資金を注入するのは、企業の健全性の観点から望ましくない」として、一二棟の売却を求めたのは少数派だった。

三菱地所は、最後の決断を迫られた。対策会議で幹部の一人が、あくまで所有にこだわるべきだ、と主張した。それに対して、常務の高木茂はこう述べたという。

〈ある方が、一〇〇年の計で買ったのに、まだ一〇年もたっていない。結論を出すのは早いんじゃないかと言われた。私はちょっと待ってくださいと反論した。一〇〇年の計を立てても、一〇〇年間、三菱地所（の会社）がもつ保証がどこにあるんですか。バブルがはじけちゃって、もう急勾配《こうばい》で落ちてきてますからね、三菱地所の業績が。一〇〇年持たないとしたら、一〇〇年の計なんて言っていられない。共倒れですよ〉（注7）

社長の福澤武は、最終的に一二棟を放棄することを決断した。

地下鉄サリン事件という、大都市に毒ガスをばらまく前代未聞《ぜんだいみもん》の無差別テロをおこなったオウム真理教の山梨県上九一色《かみくいしき》村の本部に強制捜査が入り、国内が騒然としていた、ちょうどその頃だった。

一九九五年五月一二日、三菱地所はニューヨーク連邦裁判所に対して、破産法一一条（日本の民事再生法に相当）によるロックフェラー・グループ社の破産を申請した。

そして九月一二日、三菱地所はロックフェラー・センターからの撤退を正式に表明した。

破産手続きにより、一二棟は借金の担保として債権者に渡った。タイムライフビルとマグロウヒルビルの二棟のみが、三菱地所の所有として残った。

三菱地所は一九九六年三月期決算で一五〇〇億円の特別損失を計上し、九八九億円の最終赤字に転落した。

土地の値上がりを待つ日本流は通用せず

三菱地所のロックフェラー・センターの買収はなぜ失敗したのか。

「三菱地所は、一等地かどうか、不動産の特性を見きわめる点ではすぐれていました。しかし、正直にいいますが、マネーゲームにおいては、まったく洗練されていませんでした」

ロックフェラー・グループ社に融資をしていた債権者であり、不動産金融ビジネスの世界で勇名を馳《は》せていたリンネマン・アソシエーツの代表者のピーター・リンネマンはNHKの取材にこう語っている。

平たくいえば、三菱地所は不動産のマネーゲームのド素人だったということだ。

米国ではREIT（不動産投資信託）の解禁で、不動産の証券化が進んだ。不動産の証券化とは、不動産を投資対象に組み込んで、広く投資家に少額の金融商品として売ることを指す。

不動産は、そこから上がる収入が何パーセントの利回りとなるかで価値が決まる、株式や債券と同じ金融商品となったのだ。

土地を長く保有し、土地の値上がりを待つ日本のやり方は、米国では、まったく通用しなくなっていた。

転売目的でロックフェラー・センターを買収したのならまだしも、一等地の値上がりを期待するという日本流の投資判断で買収したことが、失敗の最大の原因だった。老朽化したロックフェラー・センターは、そもそも投資目的にかなう物件ではなかったのである。

しかし、三菱地所の経営陣は強気の姿勢を崩さなかった。

一九九五年九月一二日、ロックフェラー・センターからの撤退を発表した席で、社長の福澤武は「投資したときには知りようがなかったような不動産不況が急激にやってきたため、当初の見通しが狂ってしまった。だが、投資そのものが失敗だったというわけではない」と言いつくろった。

筆者は、すべてを経済環境の変化のせいにして言い逃れする経営姿勢を認めるわけにはいかない。見通しが狂って、極言するなら、一円の収入もないまま、一五〇〇億円の損失を出したプロジェクトである。

ロックフェラー・センターの投資を失敗といわずして、何を失敗というのだ。

ロックフェラー・センターの撤退を主導した福澤武、高木茂、木村恵司に三菱地所の経営は引き継がれた。彼らはロックフェラー・センターの買収の失敗に懲《こ》りて、国内に、全面的に回帰した。

不動産と金融が融合したグローバルマネーによる、首都圏での不動産の買い漁《あさ》りが活発になっている。こうした流れを尻目に、三菱地所は丸の内の再開発に、遮二無二《しゃにむに》突き進んでいる。

今度は、華僑《かきょう》などが日本（の土地）買いに走っている。三菱地所の立ち位置が、ふたたび問われている。

教訓▼日本のやり方に固執するな

米国では土地・不動産は、株式や債券と同じように金融商品である。ＲＥＩＴの解禁で、不動産の証券化が進んだ。ＲＥＩＴは上場され、誰でも不動産に投資できるようになった。株式と同じように、不動産も短期間のうちに売買される。土地を長く保有して、値上がりを待つ日本流のやり方は米国では通用しなかった。

日本のやり方に固執《こしつ》するな。これがロックフェラー・センターの買収から学んだ最大の教訓である。

日本流を押し通す。海外に進出した日本企業が失敗する共通の要因である。日本的なやり方が通用するのは、社会的・経済的な環境が揃ってこそである。外国でうまくいくケースはめったにない。

土地の資産価値に最大の比重をかける日本流の「土地本位制」に海外では固執するな、ということだ。

三菱地所にとってロックフェラーは鬼門となった。

三菱地所は二〇一五年三月期連結決算（日本基準）で、米子会社ロックフェラー・グループ社（ＲＧＩ）がニューヨーク州に保有する開発用地について、地価の下落を受けて二二〇億円の減損処理に踏み切った。

三菱地所は一九九六年三月期、当時保有していたロックフェラー・センターのビルの大半を債権者に譲渡するのに伴い、巨額の損失を計上した。現在は一部ビルの保有にとどまっている。

今回の減損の対象はＲＧＩがリーマンショック前に取得した物件だ。

第５章　松下電器産業――戦略なき財テク買収の末路

▼米映画会社ＭＣＡの買収

史上最大七八〇〇億円でのＭＣＡ買収

ソニーのコロンビア・ピクチャーズ、三菱地所のロックフェラー・グループ社の買収の一年後、さらに大きな買収が実現した。

日本ではバブルのピークが過ぎて、景気が下降をたどりはじめていた一九九〇年一一月二六日、松下電器産業（現・パナソニック）が米ハリウッドの映画・娯楽会社のＭＣＡの買収を発表した。買収額は総額六一億三〇〇〇万ドル（当時の為替《かわせ》レートで七八〇〇億円）。日本企業として、それまでで最大の米国企業の買収であった。

ソニーのコロンビア映画買収時、「米国の魂《たましい》が買われた」と大騒ぎになった。ユニバーサル・ピクチャーズを傘下《さんか》に持つＭＣＡは、コロンビア映画以上の総合娯楽の大手だ。今度は「米国そのものが買われる」との批判が噴出しても、不思議はなかった。しかし、米国内で目立った松下批判は起こらなかった。

「史上最大・松下のMCA一兆円買収交渉」

一九九〇年九月二五日付の米経済紙ウォール・ストリート・ジャーナルがスッパ抜いた。

「マネのうまさからマネシタと仇名《あだな》されるマッシタ（松下電器産業）が、（ソニーのコロンビア映画買収につづいて、米映画大手の）MCAを買収すれば、その冗談（マネシタ）が米国でも聞かれよう」とウォール・ストリートは皮肉った。

ソニーに露払《つゆはら》いをさせたためか、二番手商法をからかわれた程度で、米国内はおおむね静観ムードだった。

「米国の魂を買うのか」と米国人の気持を逆撫《さかな》でしないように、松下電器はオーバープレゼンス（目立ちすぎ）を避けてきた。ソニーがかぶった強い風圧を他山の石として、慎重にハリウッドに進出した。

ソニーが受けたバッシングに比べれば、松下電器は無傷に近かった。これには米国社会の空気が一変したこととも無関係ではない。

一九九〇年八月に、イラクがクウェートを侵攻する湾岸戦争が起こった。こちらが連日大きく報道され、MCAの買収は戦争報道に埋没《まいぼつ》した。

資金力を見込まれたパートナー

ＭＣＡ（本社・カリフォルニア州）はユニバーサル映画のほか、ビデオ、音楽ソフトの制作と販売、スタジオツアーの開催など、さまざまな事業を展開していた。

テレビの普及でハリウッドの黄金時代は終わり、一九五〇年代末には米国の映画産業は崩壊寸前の危機に瀕《ひん》していた。ユニバーサルは劇場映画の製作を縮小し、テレビ向けムービーに軸足を移していた。

ところが、一九七〇年代半ばに映画部門で息を吹き返し、ユニバーサルは蘇生した。スティーブン・スピルバーグを監督に起用した『ジョーズ』や『Ｅ・Ｔ』『バック・トゥ・ザ・フューチャー』の超弩級《どきゅう》のヒットにより、テレビ映画製作会社と化していたユニバーサルは、一流の劇場映画製作会社として再生を果たしたのだ。

たしかにヒット作は誕生したが、依然として映画製作は当たり外れの大きなビジネスだった。映画事業の業績は、ヒットのあるなしで大きく揺れる。そのうえ、ヒット作が出たからといって必ず儲かるとは限らない。スタジオを維持するのに莫大《ばくだい》な費用がかかるからだ。

米国の映画産業は七大メジャーと呼ばれていたが、どの会社も買収と売却をくり返してきた。「ハリウッドの帝王」と呼ばれたＭＣＡ会長のルー・ワッサーマンは、テレビ局やケーブルテレビに影響力を拡大するため、資金力のあるパートナーを探しつづけてきた。

一九八八年当時、ＭＣＡの身売り先として、まずソニーの名前が上がり、次に新日本製鐵が浮上した。高炉大手の新日鐵は、レジャー産業への進出を計画していた。

ワッサーマンの意を受けた芸能プロのマイケル・オービッツが、一九八九年一二月、松下の子会社日本ビクターを介《かい》して、松下電器副社長の平田《ひらた》雅彦《まさひこ》にＭＣＡの身売り話を持ちかけたのが、交渉のはじまりだった。

オービッツはシルベスター・スタローンやマドンナなどの有名スターを抱えるエージェントＣＡＡの社長で「ハリウッドの陰の権力者」といわれていた。

買収の決断を下したのは社長ではなく会長

一九九一年一月一〇日。大阪府枚方《ひらかた》市の松下電器体育館で、毎年恒例の経営方針発表会が開かれた。社長の谷井《たにい》昭雄《あきお》の経営方針演説につづいて、会長の松下正治《まつしたまさはる》が登壇した。会長の正治は、一九九〇年一一月に最終決定したＭＣＡの買収について語った。

立石泰則《たていしやすのり》著『パナソニック・ショック』（文藝春秋）は、このときの正治の発言を活写している。要点を引用する。

〈昨年（九〇年）の春に平田（雅彦）副社長からＭＣＡの話が仲介者からもたらされているということを聞きました。（中略）私は、そのとき、「これは大きな賭けだね」と言ったのを覚えております。また、谷井社長からもこの話がありました。「何分《なにぶん》にも巨大な金額の投資ということになるから、自分一人で決めるべき限界をかなり越えているように思う」という話でした。

（中略）いよいよ交渉も煮詰まってきて、ここでどう進めるか決めなければならない。そこで、思い切ってこの新しい仕事に挑戦しようということを決めたのです。その決断に際して、後ろを振り返ってみると、誰もいないのです。誰もいてくれないのです。まことに身の引き締まる思いがしました〉（注1）

「経営の神様」と呼ばれた松下幸之助《こうのすけ》は一九八九年四月二七日、九四歳で亡くなった。

創業者亡き後、松下電器の最高責任者は自分であることを、正治はMCAの買収にひっかけて言明したのだ。MCA買収の決断は、社長の谷井ではなく、会長の正治が下したものだった。

「後ろを振り返ってみると、誰もいない」という言葉に、全役員が消極的な反応を示すなか、決断したとの自負が込められている。

さらに、買収の意図《いと》について、こう言及した。

〈ハード（製品）とソフト（コンテンツ）の結び付きが（中略）二〜三の効果に限定されるような性質のものではなく、将来にわたって大きな重複的な効果をもたらす、そういう結果が十分に期待し得るものだというふうに私は考えました。具体的にいえば、映画に対するエレクトロニクス技術の採用、また逆にオーディオ技術や今後有望視されるハイビジョンに対する映画、映像の活用ということが考えられます〉（注2）

松下内部で起こっていた権力交代

松下正治（旧姓・平田）は一九一二年九月、伯爵《はくしゃく》家に生まれた。東京大学法学部を卒業後、三井銀行（現・三井住友銀行）に勤めていた。血統、学歴、就職先とも非の打ちどころのないエリートである。

幸之助は松下の血を絶やさないために、正治を一人娘、幸子の婿《むこ》養子にした。幸之助は正治に、事業の継承と同時に、松下家の血の継承を託した。

しかし、不釣り合いな養子縁組だったことを、すぐに思い知る。人生観から商売についての見方、考え方にいたるまで、幸之助と正治は、生涯、相容《あいい》れることはなかった。

幸之助は一九六一年、正治を後継者にしていったん引退するが、正治の指導力に失望して営業の最前線に復帰する。いまなお語り継がれている、一九六四年七月の「熱海会談」である。

松下電器の販売チェーン店は、不況と生産過剰のために瀕死《ひんし》の状態におちいっていた。会談では、販売・代理店から苦情・批判が相次いだ。幸之助が「血の小便が出るまで苦労されましたか」と反論したのは、この席である。

結局、幸之助は「松下電器が悪かった、この一言に尽きます」と、ハンカチで目頭《めがしら》を押さえながら、声を絞《しぼ》り出すようにして詫《わ》びた。

すると、先ほどまでの喧騒《けんそう》がウソのように静まり返り、会場からは「松下（幸之助）がんばれ」と激励の言葉がいっせいに寄せられたという。

幸之助は熱海会談の後、ただちに営業本部長代行として陣頭指揮を執《と》った。このときの迅速《じんそく》な対応から、幸之助は「経営の神様」として崇《あが》められるようになる。

〈それは同時に、自ら後継者に指名した正治に、自らの手で社長失格の烙印《らくいん》を押したことを意味した。以後、両者の確執は抜き差しならぬものになった。幸之助が亡くなるまで、二人が和解することはなかった〉（注3）

正治は社長時代、実権のない飾り物だった。一九七七年、「山下跳《と》び」と称される二四人抜きの大《だい》抜擢《ばってき》で、五九歳の若さの山下俊彦《やましたとしひこ》が三代社長となり、正治が会長となっても、それは変わることはなかった。

そして、〝天敵〟の幸之助が亡くなり、松下家の新しい家長となった正治は、権力の座に就いた。それまでの不遇《ふぐう》時代のうっぷんを晴らすかのように、正治は権力の切れ味に酔い痴《し》れた。その具体的な表れが、ＭＣＡ買収の決断であった。ＭＣＡ買収でモノづくりの幸之助路線との決別に挑《いど》んだのだ。

幸之助の鼻を明かしてやる――。冷や飯を食ってきた正治は、七八歳にして、松下電器産業の最高意思決定権者の座を手に入れたのである。

だが、動機が不純なＭ＆Ａは失敗するに決まっている。その意味でも、ＭＣＡ買収失敗のＡ級戦犯は松下正治である。

ソニーへの対抗意識がもたらした買収

会長の松下正治がMCAの買収を決断したとき、経営トップは四代社長の谷井昭雄だった。谷井昭雄は一九二八年四月、大阪府生まれ。神戸高等工業学校精密機械科（現・神戸大学工学部）卒。敷島紡績、東洋金網を経て、一九五六年に松下電器に入社した中途入社組である。録音機事業部の事業部長を経て、一九七二年にビデオ事業の責任者になる。

日本ビクターがVHS方式のVTRを一九七六年に発表、松下電器も自社開発の方式からVHSの採用へと方向転換をおこない、これが大成功をおさめた。この功績が〝中興の祖〟と呼ばれる前社長の山下俊彦の目にとまり、谷井が後継者に指名されたのである。

谷井は強権を発動するタイプではない。自分の個性を強く押し出すことはしない。MCA買収交渉では当初、慎重な姿勢を見せたが、正治がMCAの買収を決断したときに反対はしなかった。

しかし、入念に戦略を練《ね》った買収でないことはすぐにバレてしまった。

一九九〇年一一月二六日の深夜、松下電器のMCA買収発表の会見がおこなわれた。ニューヨーク株式市場をにらんでの日米同時発表となったため、この時間となった。

会見では、記者の質問に社長の谷井がしばしば絶句するシーンが見られた。

外国人記者の「もしソニーがコロンビアを買収しなかったら、松下はMCAを買収しただろうか」との質問に、谷井は一瞬、口ごもった。一拍、いや二拍置いて「われわれは独自におこなった（決断）。他社の動きとは無関係です」とムッとして答えた。

谷井は「AV（音響・映像）産業においてソフトとハードは車の両輪」と表現したが、買収後の将来図をはっきり読み取れるようなビジョンを、会見では提示できなかった。

もともと、そんな明確なビジョンはなかった。幸之助憎しに凝《こ》り固まっていた正治が、幸之助路線と決別するために選択したのが、MCAの買収だったからだ。

だから、社長の谷井昭雄もA級戦犯である。

映画会社を経営できる人材が一人もいないことから、MCAの買収には、当初、消極的だった。それでも買収に踏み切ったのは、ソニーへの対抗意識に突き動かされたからだ。

ソニーはコロンビア映画を買収して、ハード（テレビ）とソフト（映画）の融合を華々しくぶち上げていた。このままではソニーに負けてしまうという焦《あせ》りから、MCA買収に飛びついた。

買収はビジネスではなく財テクだった

MCA買収の発表から約一ヵ月後の一九九〇年一二月二〇日、MCA株式のTOB（株式公開買い付け）に入ったとき、東京で内外のメディア関係者を集めた懇談会が開かれた。

主役は経理部門担当副社長の平田《ひらた》雅彦《まさひこ》だった。平田はMCA買収の松下電器側の窓口であり、交渉にあたった当事者である。MCA買収の中心人物の平田は、〝ポスト谷井〟の一番手と目《もく》されていた。

「コンテンツ・ビジネスの経験がまったくない松下電器が、水物《みずもの》とされる映画ビジネスのリスクをどう考え、どう対策を立てているのか」という質問が飛んだ。

「松下にMCAのようなソフトの会社を経営できるのかと、みなさんご心配になっていますが、そのとおりなんです」

松下電器にソフトがわかる人材がいないことを、しゃらっと告白する平田の発言に、会場に冷笑が満ちた。

「それでは、なぜMCAを買収したのか」――平田の回答に出席者は耳を疑った。

前掲書『パナソニック・ショック』はこう書いている。

〈平田は、まずMCAの過去五年間の平均営業利益率が一〇・九パーセントであることを挙げた。そしてそれが、松下グループの営業利益率よりも高い数字であることを明らかにしたうえで、MCA買収を純粋な投資と考えても十分なリターンが見込めるのでビジネスとして成り立つ、松下電器には損はないと答えたのである。

（中略）つまり（それまで）M&Aの対象となったのは、いずれも松下電器の本業と関係のある企業ばかりなのである。

それに対し、平田はMCA買収を「純粋な投資」と考える、つまりファンド的な志向からも捉えている。このようにファンドの視点からM&Aを捉えたケースは、私が知る限り松下の歴史にはない〉
（注4）
バブルの時代、「攻めの財務」をかかげ、総合商社を筆頭に大手企業は「財テク」に狂奔《きょうほん》した。銀行に預金する経営者は、愚《おろ》か者の代名詞のごとく扱われた時代だ。

財テクは財務担当者の腕の見せどころだ。事業で上げた利益よりも大きい財テクの利益を稼いだ財務マンは脚光を浴び、出世した。

メガヒットした映画の場合、粗利益率は四〇％前後に達した。一方、テレビなどハードウェアなどの粗利益率は一〇％を超えれば優等生で、多くは五％にも満たない。

それゆえ平田は、ＭＣＡは投資対象としてうってつけだ、と語った。映画ビジネスに通じている社員が一人もいなくても、投資にはなんの支障もない――。

Ｍ＆Ａ買収の仕掛け人である平田が、ＭＣＡの買収を財テクの一環としてしか見ていないことが、数々の発言から明らかになった。

買収ノウハウもないまま高値づかみに

日本ビクターの最高首脳から筆者が聞いた話だ。

幸之助の〝金庫番〟だった平田は、幸之助の複数の親しい女性（妾《めかけ》である。戦後は愛人と言い換えないとまずいらしい）の家に、毎月同じ日にお手当を運び、盆暮れなどの節目節目に必要な品々を届ける仕事を、幸之助から個人的に命じられていた。

仕事ぶりが律儀で、幸之助の信用を勝ち取り、松下電器の経理の責任者の地位を得て、最終的には経理担当の副社長に昇り詰めた。その後、松下が傘下におさめた日本ビクターへお目付け役として派遣され、日本ビクターの経理全般をとり仕切った。

ＭＣＡの買収は、財テクとしては論外である。買収交渉はＭＣＡペースで進んだ。米ウォール・ストリート・ジャーナルが買収交渉をスッパ抜いたのは、ＭＣＡ側がリークしたからだろう。本来は秘密裡《り》におこなわれるはずの買収交渉がリークされて、松下電器の首脳は「舞台裏で化粧をしていたら、いきなり幕が上がってスポットライトに晒《さら》された」と嘆《なげ》いたという。

社長の谷井が「勉強している段階」と語ったように、松下電器には株式公開買い付けを含めて、大型企業を買収するノウハウはまったくなかった。

買収交渉が報じられて以降、ＭＣＡの株価は一株三四ドルから六〇ドルに急騰《きゅうとう》した。ＭＣＡ側が買収価格を吊《つ》り上げるためにリークしたのは明らかだ。

買収価格について書く。ＭＣＡが一株あたり八〇～九〇ドルを主張したのに対し、松下電器は六〇～七〇ドルを落としどころと考えていた。

外国人の所有が禁じられている傘下のテレビ局ＷＷＯＲを切り離して、公開買い付け価格は一株六六ドルで折り合いがついた。

総額六一億三〇〇〇万ドル、七八〇〇億円で買収することで合意した。ＭＣＡは緒戦《しょせん》の段階の情報戦で勝利したのである。

高値づかみしたのではないかとの質問に、社長の谷井は「金額が高いか安いかは問題ではない。要は経営。事業転換の将来図をどう描くかだ」と答えている。

カネは出すが、口は出さない

ソニーのコロンビア映画買収で、松下電器はソフト事業進出と、ノウハウの習得をどうすべきかを考えざるを得なくなった。それまで、ソフト事業は子会社の日本ビクターに任せておけば十分、と考えていたから、すべて急ごしらえである。

「このままではソニーに追い上げられ、抜かれる」との危機感が松下の経営陣にあったことは間違いない。

松下が手がける映像機器の普及には、ソフトの充実が不可欠だ。いかに精細な画像の機器を売り出しても、ソフトがなければタダの箱である。

またまた〝マネシタ〟と皮肉られようと、ソニーのコロンビア買収に刺激され、目をつぶってＭＣＡ買収に飛びついたのである。

ＭＣＡの買収を機に、松下グループのハードとソフトを融合するための戦略づくりがはじまった。ハードとソフトの融合という戦略にもとづき、ＭＣＡを買収したのではない。ＭＣＡの買収が決定したから、あわてて理論武装しようとしたのである。

大金を投じてＡＶ（音響・映像）ソフトビジネスに参入することに対する疑問の声が上がるなど、松下の経営陣の意思統一はうまくいかなかった。

松下流の「堅実経営」の価値観と、ハイリスク・ハイリターンの映画事業はなじみにくい。これが、松下グループ各社の経営陣の認識だった。

松下電器は本体（単独決算）の運用資産として、一九九〇年九月末で、現金・預金、短期有価証券など合わせて一兆八三三四億円を保有していた。

「マツシタ銀行」の異名《いみょう》をとる松下電器といえども、MCAの買収にともなう借入金の金利負担などで、財務内容が悪化するのは目に見えている。「手持ちの金融資産が一度に目減りする高額な買い物はやめたほうがいい」との反対論が根強かった。

MCA買収で危惧《きぐ》された最大のリスクは、映画会社を経営できる人材が社内に一人もいないことだった。MCAをこれからどう経営するか。結局、MCAの現経営陣に丸投げするしか、道はなかった。

「カネは出すが口は出さない」

MCAにとって、松下電器はじつに使い勝手のよいパトロンだった。

運用資産の取り崩しで財務が悪化

MCAの買収で松下電器の業績は悪化した。MCA買収前の一九九〇年三月期の連結決算の売上高は六兆二七億円、最終利益は二三五五億円をあげていた。

買収後の一九九二年同期は、買収効果で売り上げは七兆四四九九億円と七兆円の大台に乗せた。だが、最終利益は一三二八億円にほぼ半減した。

経営学者の中島恵《なかじまめぐみ》は『ユニバーサル・スタジオの国際展開戦略』（三恵社）で、松下の一九九二年三月期の連結決算をこう分析した。

〈一九九二年三月期は有利子負債が運用資産を上回った。ＭＣＡ買収で手元資金を取り崩し、ＭＣＡが抱える借入金を計上した（筆者注・ＭＣＡを決算上連結したのでＭＣＡの借入金が松下の有利子負債に上乗せされた）ことによる。この結果、金融収支は初めて六四億円の赤字（前の期は一五一二億円の黒字）に転落した。

（中略）連結運用資産残高は二兆二八一九億円で、前の期に比べて七六四〇億円減少した。これに対して長短借入金と社債を合わせた有利子負債は四五六億円増加して二兆七四七四億円に達した。この結果、有利子負債残は運用資産を四六五五億円上回った。

運用資産が大きく減ったのは、一九九〇年にＭＣＡを買収した際、買収金額六一億ドルのうち四〇億ドル（五二〇〇億円）を松下本体の運用資産を取り崩して賄《まかな》ったからである。

連結有利子負債残高のうち四〇〇〇億円がＭＣＡの抱える借入金と見られる。その他一兆円余りはナショナルリースを含む金融子会社の負債である〉（注５）

国内のバブル崩壊と重なり、松下の連結最終利益は一九九三年三月期が三八四億円、一九九四年三月期は二四四億円に激減した。

ＭＣＡ買収は、「マツシタ銀行」といわれた松下電器の財務力が崩壊するきっかけとなった。

創業家が金融スキャンダルで経営陣を追い落とす

松下幸之助が亡くなると、松下家の人々は、一族の総領となった松下正治を先頭に立て、何度も何度も、正治の長男・正幸《まさゆき》（現・副会長）を社長に擁立《ようりつ》しようとした。

一九九〇年代には、大政奉還を迫る松下家と、世襲に反対する経営陣のエンドレスの暗闘がつづいた。松下電器の歴代社長の最大の仕事が、松下家の世襲経営を阻止《そし》することだったといっても過言ではない。

社長の谷井昭雄は再三、正治に会長引退を願い出た。「辞めていただけませんか」とお願いすると、正治は「なんで辞めないかんのだ」と反駁《はんばく》して、最後は怒鳴り合いになったと伝わっている。

正治にしてみれば、飼い犬に手を噛《か》まれたようなものだった。

松下電器の新任の取締役は、真っ先に松下家に就任の挨拶《あいさつ》に出向くのが慣例だった。上座《かみざ》に松下家の一族が居並び、新任取締役は「おかげさまで、（役員に）就任させていただきました」と礼を述べ、祝いの杯《さかずき》を受けるのである。

時代錯誤《さくご》としか言いようのない儀式だが、松下家の人々にとっては、取締役といえども使用人でしかなかった。（注6）

その使用人の筆頭の谷井が、主《あるじ》である松下家に楯突《たてつ》いたわけだから、正治の怒りは凄《すさ》まじかったという。

谷井ら経営陣に対して反撃をはじめる。経営陣を追い落とす武器にしたのが、子会社ナショナルリースのスキャンダルである。

ナショナルリースはもともと松下電器製品のリース会社だったが、バブルの時代に、ノンバンクとして不動産会社や建設業に貸し込んだ。一九九一年九月、巨額の資金を株式と不動産につぎ込んでいた大阪の料亭の女将《おかみ》・尾上縫《おのうえぬい》への不正融資が発覚、五〇〇億円の不良債権を抱えた。

ナショナルリース事件の発覚で、会長の正治と社長の谷井は攻守所《こうしゅところ》を変えた。正治はここぞとばかりに経営責任を追及して、谷井を追い込んだ。

一九九二年三月に、関連会社担当副社長の佐久間昇二《さくましょうじ》を解任。経理部門トップだった副社長の平田雅彦も、ヒラ取締役に降格になった。

一九九二年には、松下電器の大型冷蔵庫の欠陥が発覚した。弱り目に祟《たた》り目。正治の執拗《しつよう》な経営責任の追及に力尽きた社長の谷井は、一九九三年二月、任期途中で社長の座を投げ出した。

ＭＣＡ買収を完全否定した新社長

一九九三年二月、五代目社長に営業畑出身の森下洋一《もりしたよういち》が就いた。正治は会長のままである。

森下は異色な経歴の持ち主だ。関西学院大学を卒業した森下は、バレーボールの選手として、ナショナルの実業団チームに入った。スポーツ選手として松下に入社したのである。

その後、特機営業という産業用機器を販売する部門で実績を積んだ。松下電器の本流はテレビなど家電営業で、特機営業は傍流《ぼうりゅう》でしかなかった。

〈正治の指示やその内容を熱心に聞いては、必ずきちんと報告した。どんな事情であれ、正治への報告を怠《おこた》るようなことはなかった。そうした森下の姿勢を正治が評価し、気に入っていたことも谷井の後継社長にすんなり決まった理由のひとつであろう〉（注7）

「経営をこんな状態にしたのは経理が悪い。本社経理が乱れたから、事業部や子会社もおかしくなった」（注8）

社長に就任した森下が、最初の経理責任者会議で述べた言葉だ。

幸之助の大番頭の高橋荒太郎《たかはしあらたろう》が体系化した「経理社員制度」は、松下グループ独特の専門職制度だ。国内外に散る一八〇〇人の経理社員の異動や任免、出向は、人事部ではなく、経理担当役員がおこなった。いざとなれば上司に対して是々非々《ぜぜひひ》の立場から直言できるように、経理部員の身分を保証する仕組みが確立した。

これは「経理は企業全体の羅針盤《らしんばん》だ」という幸之助の考えにもとづいている。独立採算制の、いわば〝独立国〟であるグループ各社の経営をチェックする機能を経理部門に期待した制度でもあった。

こうした下地もあり、バブルの時代、ブレーキ役の経理部門がアクセルを強く踏み込んだ。独立王国の経理部門が〝関東軍〟となって暴走をはじめたら、誰も止められない。

「守りの経理から攻めの経理への転換」をかかげて財テク路線を打ち出したのが、「松下の金庫番」といわれた、前述の平田雅彦だった。ＭＣＡの買収では、自ら旗を振り交渉をまとめあげた。

ＭＣＡは約二兆円の手元資金を生かす、財テクにはうってつけの案件と平田には映った。ＭＣＡの買収で、平田は〝ポスト谷井〟の（社長の）座を手に入れたかに見えた。

だが、バブル崩壊で財テク路線は破綻《はたん》。平田は失脚した。

社長に就いた森下がまず口にしたのは、暴走した経理部門トップの平田を糾弾《きゅうだん》することだった。平田が推進したＭＣＡの買収を、完全に否定したのである。

一六〇〇億円の損失を出し、五年余で撤退

森下の登場で、ＭＣＡからの撤退は時間の問題となった。ＭＣＡの全権大使の平田の失脚で、ＭＣＡとのパイプ役を果たすことができる役員は一人もいなくなった。

松下電器とＭＣＡの関係は冷え込んだ。国内営業畑を歩き、ソフトのソの字にも触れたことがない森下にとって、ＭＣＡは不可解な存在だった。

〈九四年九月、両社の関係を決定的に引き離す事件が起こった。米大手テレビ局買収という重要案件を携えて急きょ来日したワッサーマン会長を、森下社長が社内の一室で二時間近くも待たせたのだ。プライドの高いワッサーマンは激怒した〉（注９）

松下電器・ＭＣＡ両社の首脳は九四年一〇月、ロサンゼルスで緊急トップ会談を開いた。森下が膝《ひざ》詰《づ》めでＭＣＡのトップと話すのは、これが初めてだった。

森下はＭＣＡのパトロンをつづけるつもりはさらさらなかった。会談直後に森下はＭＣＡ売却を決

断した。

一九九五年六月、松下は持ち株の八〇％をカナダの酒類大手シーグラムに五七億ドル（四七〇〇億円）で売却し、映画事業から撤退した。

一九九六年三月期決算で、ＭＣＡ株の売却損として一六四二億円の特別損失を計上。五六八億円の連結最終赤字に転落した。

売却後の一九九六年一月に開かれた経営方針発表会で、代表取締役会長の正治はＭＣＡ問題には一切、触れなかった。

九一年一月の経営方針発表の席で、「ＭＣＡ買収を決断したのは私だ」と大見得を切った本人が、ＭＣＡ問題を封印したのだ。なかったことにしたい、という心境だったのかもしれない。

会社がＭ＆Ａに失敗したら、それは経営トップの判断ミスである。経理部の暴走に責任をなすりつけてすむ問題ではない。判断を誤った経営者の経営責任が問われてしかるべきだ。

ＭＣＡの買収を決断したのは、会長の正治だった。しかし、正治の経営責任は不問に付《ふ》された。

松下家の家訓では、「失敗の責任は使用人に帰すべきもので、主《あるじ》が負うものではない」のである。

二〇一二年七月、取締役相談役名誉会長の正治は、九九歳の天寿を全《まっと》うして他界した。死ぬ直前まで取締役だった。

経営トップの責任は問われない

経営トップの責任を問わない。これが松下電器（パナソニック）の遺伝子となった。

ＭＣＡの買収について、専務時代の中村邦夫《なかむらくにお》は「なんて馬鹿な決断をするのかと思った」と述懐している。

森下の後任として六代社長に就いた中村邦夫は、「経営理念以外は、すべて破壊してよし」と宣言して、幸之助がつくりあげた事業部制や系列販売店網（ナショナルチェーン）を破壊し尽くした。

二〇〇八年一〇月には、松下電器産業はパナソニックに社名変更した。社名から創業家の「松下」の名前が消えた。破壊の総仕上げであった。

中村とその後継社長の大坪文雄《おおつぼふみお》はプラズマテレビに莫大《ばくだい》な投資をし、液晶《えきしょう》テレビに大敗北を喫《きっ》した。

しかし、中村が経営責任を問われることはなかった。老兵はただ消えゆくのみであった。

教訓▼戦略なき投資は必ず挫折する

米ハリウッド映画会社ＭＣＡの買収は、戦略なき投資の典型的なケースとなった。

松下電器は一円の価値を大事にする会社で、マッシタ銀行と呼ばれた。大作映画に一〇〇億円、二〇〇億円を投じるのが当たり前のハリウッドの文化とは、水と油だった。

松下電器はＭＣＡを子会社と思っていたが、ＭＣＡにはその意識はまったくなかった。カネは出すが、口は出さない。気前のいいパトロンでしかなかった。文化や企業の風土が異なる買収は必ず失敗する。

モノづくり一筋の松下電器にとって、コンテンツ事業はもっとも苦手とする分野だ。円ではない銭単位のコスト削減などで利益を積み上げ、浮利《ふり》を追わないことを社是《しゃぜ》にしてきた松下電器が財テクに狂奔《きょうほん》したのは、バブルの熱狂に煽《あお》られたというほかはない。

本業と無関係な映画会社を財テクの投資対象にすることは、モノづくりの会社にあってはならないことだった。ルール違反である。

この反省から、パナソニック現社長の津賀《つが》一宏《かずひろ》はモノづくりに回帰したが、いまもって道半ばである。プラズマテレビからの撤退をやってのけたのが、創業家出身者以外では最年少の五五歳で社長になった津賀だ。二〇一一年春、兵庫県・尼崎《あまがさき》のプラズマパネル工場を視察した津賀は「これは戦艦大和だ！」と叫んでいた。

ＭＣＡ買収の失敗の傷が深かったこともあるが、Ｍ＆Ａは本業から遠い飛び地をやめて、本業に回帰した。自動車や住宅関連の戦略分野に経営資源を集中する。

二〇一四年九月、サイドミラーで世界三位のシェアをもつスペインの自動車部品大手、フィコサ・インターナショナルに四九％出資すると発表した。投資額は二〇〇～三〇〇億円。フィコサを通じて欧州自動車メーカーへ車載機器や部品の購入を働きかける。現在、力を入れている自動車部品の分野で初の大型Ｍ＆Ａが実現した。

第６章　日本たばこ産業──海外巨額Ｍ＆Ａの代償

▼米ＲＪＲナビスコ海外たばこ事業、英たばこ会社ギャラハーの買収

三兆円超のクロスボーダーＭ＆Ａで世界第三位に躍り出る

九四〇〇億円＋二兆二五三〇億円＝三兆一九三〇億円。

日本たばこ産業（以下ＪＴ）が、「国内企業からグローバル企業へ」脱皮するために、クロスボーダー（国境を超えた）Ｍ＆Ａに投じた金額だ。

ＪＴは海外でのＭ＆Ａを「成長の時間を買った」と意義づける。一九九九年に米ＲＪＲナビスコの海外たばこ事業（ＲＪＲＩ）を傘下《さんか》におさめ、二〇〇七年には英ギャラハーを買収した。

二つの買収により、ＪＴは、米フィリップ・モリス・インターナショナル、英ブリティッシュ・アメリカン・タバコに迫る、世界第三位のたばこメーカーとなった。

ＲＪＲＩの九四〇〇億円、ギャラハーの二兆二五三〇億円の買収額は、それぞれの時期の日本企業

による海外の企業買収額としてはいずれも過去最高だった。

M&A第一弾は世界第三位メーカーを九四〇〇億円で

JTは一九九九年三月九日、米たばこ・食品大手のRJRナビスコと、同社の米国以外のたばこ事業であるRJRIを七八億三〇〇〇万ドル(約九四〇〇億円)で取得することで合意したと発表した。

RJRナビスコは本数で世界第三位のウィンストン、第五位のキャメルなどの二〇〇近い銘柄《めいがら》を持つ世界三位の老舗《しにせ》たばこメーカー。米国外では欧州、アジアなど七〇ヵ国でたばこ事業を展開していた。

それまで、JTは二流の企業の扱いだったが、この買収により、JTのドル箱のマイルドセブンを含め、世界トップ五銘柄のうち三銘柄を保有する有力企業にのし上がった。

JTがRJRナビスコの海外たばこ事業を買収することについて、米国のアナリストのあいだでは、「相場より三〇%も高い」との見方が多かった。

RJRナビスコは一九九九年二月、海外たばこ事業を売却する方針を明らかにした。このときから熾烈《しれつ》な争奪戦がはじまった。

世界最大手のたばこ会社、米フィリップ・モリスが六〇億ドルで買収するとの観測が流れた。その後も、英ブリティッシュ・アメリカン・タバコ、スペインのタバカレラなど、有力なたばこメーカーが買収に強い意欲を示し、タバカレラは六六億ドルを用意したといわれた。

競争入札の結果、ＪＴが七八億三〇〇〇万ドルで競《せ》り落とした。

アナリストの多くは「ナビスコの海外たばこ事業の妥当《だとう》な価格は六〇億ドル程度」と分析していた。ＪＴが支払う金額はこれを一八億ドル（約二三〇〇億円）も上回った。「払いすぎ」というのが一般的な受け止め方だった。

日本企業はバブル時代の一九八〇年代後半に、株高と円高をテコに米国企業の買収に走った。しかし、そのほとんどが「高値づかみ」で失敗に終わった。

〈ウォール街では「もし米国企業がこんな割高な金額を提示したら株主から反発が出てくる可能性がある」（米国の有力投資銀行の幹部）との声も出ている〉（注1）ほどで、ＪＴの気前のよさだけが目立った。

多角化路線の失敗で本業回帰へ

ＪＴは言わずと知れた旧・日本専売公社だ。一九八五年に民営化されたとはいえ、規制による保護と制約を受け、典型的な内需型企業だった。海外でのたばこの販売数量は、全体の一割にも満たなかった。

ＪＴがクロスボーターＭ＆Ａに走ったのは、多角化事業が相次いで破綻《はたん》したからにほかならない。国内のたばこの消費量は年々落ちていた。そこで、民営化後、多角化路線に経営の舵《かじ》を切った。

バブル期には「たばこ製造の技術を活かす」と大見得《おおみえ》を切って、「ＡＢ作戦、ＣＤ戦略」を大々的にかかげ、なりふりかまわぬ多角化に突き進んだ。

Ａはアグリカルチャー（農業）、Ｂはバイオ（生命工学）、Ｃはケミカル（化学）、Ｄはドラッグ（医薬品）の意味である。攻め込む分野を決めて、新規事業に取り組んだ。

スッポンの養殖《ようしょく》、メロン、トマト、マッシュルームの栽培をやった。ホットドッグチェーン、レストランの経営にも手を染めた。印刷事業、不動産事業、スポーツクラブの運営にも首を突っ込んだ。医薬品開発、食品・飲料製造と数え切れない、さまざまな新規事業をはじめた。

だが、上から下まで旧専売公社のお役所体質だ。ビジネスには向いていなかった。新規に参入した事業の大半は、日の目をみないまま消え去った。

こうした〝死骸《しがい》〟は、一九九九年前後に「選択と集中」の美名のもと整理され、最終的に食品と医薬品の二つの事業に絞《しぼ》り込まれた。

食品分野では加ト吉（現・テーブルマーク）、医薬品は鳥居薬品を買収した。

多角化路線の挫折《ざせつ》から、本業のたばこに回帰する決定がなされた。

ＲＪＲナビスコが海外のたばこ事業を売却するという話が飛び込んできたのは、ちょうど、そんなときだった。

国際たばこ業界での生き残りを懸けた買収

「ＲＪＲナビスコの、米国以外のたばこ事業を買収したい」

一九九九年三月初めに開いたＪＴの臨時取締役会で、社長の水野勝《みずのまさる》が切り出した。

民営化後、ＪＴ社長は大蔵省（現・財務省）の高級官僚の天下り指定席になっていた。初代社長は、専売公社最後の総裁で大蔵事務次官の長岡實《ながおかみのる》、二代目社長は大蔵省証券局長で国税庁長官だった水野繁《みずのしげる》、三代目社長の水野勝も大蔵省主税局長、国税庁長官を歴任した天下り組だった。

民営化にともない、政府はＪＴ株式を放出していったが、当時は大蔵省（名義は大蔵大臣）が六六・七％を握る、実体は国営企業だった。

社長の水野勝は、大蔵大臣の宮澤喜一《みやざわきいち》に買収の意向を伝えた。宮澤は、国際的に急激な寡占化《かせん》が進んでいるたばこ業界で、ＪＴが国際競争から脱落することを懸念《けねん》して、この買収に異を唱えなかったという。

生え抜き組は、買収話に小躍《こおど》りした。

〈「どうでしょうか、と問いかける社長を見る役員の目は、一様に輝いていた」。ＪＴ関係者の証言だ。（中略）一兆円近い巨費だ。それを投じる今回の買収劇が、ＪＴにとって大きな賭けであることは間違いないが、ＪＴ幹部の言動からは相当の自信がうかがえる〉（注２）と、この頃のＪＴ役員の高揚《こうよう》ぶりを伝えている。

じつは、その一〇年以上前に、ＲＪＲナビスコから「買いませんか」という打診があったのである。現場は買収話に色めきだったが、上層部から「こんな大金を出せるか。（ＲＪＲナビスコのたばこ事業をハンドリングできるような）経営力もないだろう」と一蹴《いっしゅう》されて、諦《あきら》めた。

それだけに、ふたたび舞い込んできた買収話に、チャンス到来と意気があがったわけだ。

RJRナビスコとの買収交渉のために、副社長の本田勝彦《ほんだかつひこ》と経営企画部長の木村宏《きむらひろし》が真冬のニューヨークへ飛んだ。

〈最後の詰めの段階でRJR側と折り合いがつかず主張は平行線。二人は「一服してくる」と言い残し、屋外で寒さに震えながら作戦を練《ね》った。木村は、JT側の条件が通らなければ買収断念もやむなしという強気の姿勢を押し通し、RJR側が条件をのむ形で合意に至った〉（注3）

RJRナビスコとの買収交渉をまとめたことが評価され、本田勝彦が初の生え抜きとして四代目社長の椅子に座った。

本田は一九四二年三月、鹿児島県生まれ。一九六五年東京大学法学部を卒業、日本専売公社（現・JT）に入社した。民営化後、人事部長、たばこ事業本部長などを経て、二〇〇〇年六月から二〇〇六年六月まで社長をつとめた。

本田は東大時代に首相の安倍晋三《あべしんぞう》の家庭教師をやったことから、安倍とは個人的にも親しい。首相を囲む「四季の会」のメンバーだ。

安倍は二〇一三年六月に任期を迎えるNHK経営委員長に本田勝彦・JT顧問を充《あ》てるつもりであったが、事前に、この人事構想が漏れ、「家庭教師を経営委員長にする気か」と大騒ぎになり、結局、断念した。それでも本田は経営委員に起用された。

海外市場を獲得し、売上高は倍増

ナビスコの海外たばこ事業（ＲＪＲＩ）の買収について、国内の評判は芳《かんば》しいものではなかった。買収発表の翌日、東京証券市場では、寄り付き（午前の最初の取引のこと）こそＪＴ株に買いが入ったが、その後は弱含みに推移した。

一兆円の巨費を投じることで、今後の食品、医薬品など非たばこ事業の展開に資金的な制約が出てくるのではないか、と懸念する投資家が多かったということだ。

それよりなにより、最大の懸念材料は、たばこ事業が抱える大きなリスクだった。嫌煙運動が勢いを増し、米国では訴訟《そしょう》が頻発《ひんぱつ》していた。

一九八九年一一月、米国では四六州がフィリップ・モリスやＲＪＲなど大手たばこ会社を相手取って、たばこと肺ガンの因果関係をめぐる「たばこ訴訟」を起こした。

この裁判では、たばこ会社側が総額二四六〇億ドル（約二五兆円）を、二五年かけて州政府に支払うことで和解した。

たばこ会社の合従連衡《がっしょうれんこう》が加速したのは、天文学的な賠償金を払わねばならなくなったからである。それまで一〇社あった有力メーカーが、二〇〇六年には六社に減少した。

その後、Ｍ＆Ａで巨大化した米フィリップ・モリス・インターナショナルと英ブリティッシュ・アメリカン・タバコの二強へと、寡占《かせん》化がさらに進んだ。

ナビスコが海外のたばこ事業を売却した理由も訴訟リスクだった。「たばこ訴訟」は先進国に広がる可能性があり、ＪＴは世界市場で訴訟リスクを背負うことになると危惧《きぐ》されたのである。

とはいえ、国内では禁煙の高まりで、たばこ事業が下り坂を転げ落ちていくことは目に見えている。海外に活路を求めるしか選択肢《し》はなかった。

ＪＴにはグローバル展開をやれるノウハウもなく、人材もいなかった。

「専売公社上がりのＪＴがグローバル展開なんてできっこない。公社の意識でやったら失敗するだろう」と多くの経済人は思った。「一兆円をドブに捨てる気か！」とある有力財界人は怒気をあらわにしたという。

ところが、大方の予想に反して、グローバル化は進んだ。ＪＴが活路を求めたのは、ロシアやウクライナなどの「愛煙家王国」であった。主力ブランドのウィンストンやキャメルが人気を博し、売上高は倍増した。

買収は大きな果実をもたらした。当時、ＪＴ幹部は「買収は賭けだったが、結果として業績に多大な貢献をもたらした」と誇らしげに語っていた。

海外事業統括の子会社を現地マネジャーが運営

二〇〇六年六月、木村宏が五代目社長に就任した。

木村は一九五三年四月、山口県に生まれた。一九七六年京都大学法学部を卒業、日本専売公社に入社。おもに経営企画畑を歩き、経営企画部長としてＲＪＲＩ買収の交渉窓口になったことは前に述べた。

ＲＪＲＩを手に入れた後、事業をうまく回すために、ＪＴは中国以外の海外たばこ事業を管轄《かんかつ》するＪＴインターナショナル（ＪＴＩ）をスイス・ジュネーブに設立。木村は日本人トップの副社長として、現地におもむいた。

買収した当時のＲＪＲＩの経営は混乱していた。株式を保有していたのは米国の投資ファンドだった。事業計画にも、ブランド戦略にも、まったく一貫性がなかった。

木村は、目先の利益目標を下方修正したうえで、マーケティング費用を積み増し、中長期的な成長戦略を立てることにした。ウィンストンやキャメルなど基幹ブランドを軸に、ブランドの拡大を進めた。

ＪＴは典型的な内需型企業で、グローバル化をになえるような人材はいなかった。木村のジュネーブ時代の最大の功績は、日本人に依存しないでグローバル化を進めたことだ。

東京本社が侵食してこないように、木村は防波堤役に徹した。木村のこの決断が、ＪＴＩが稼ぎ頭に生まれ変わる転換点となった。

『日経ビジネス』（二〇一〇年八月二三日号）はこう書いた。

〈「集権化と分権化を最適に考える」取り組みだ。ＪＴ本社の口先介入への対応もあった。実は赴任前に訪問したトヨタ自動車の張富士夫《ちょうふじお》（当時社長）からも「東京の本社に気をつけなさい」とアドバイスされていた。その忠告が現実となる。

「本社の各部署から『銀行はこの銀行とつき合え』『主力ブランドは東京でマネジメントする』と、現地事情を知らず責任も取らないのに勘違いした指令を送ってくる人がたくさんいた。対応窓口を一本化し、JTIとJT本社が判断する役割分担を決めていった」

当初は現地経営陣を総入れ替えする声もあったが、木村はこれにも耳を貸さず、出自にこだわらない人事を実施した。〈中略〉一七人いる取締役のうち日本人はわずか二人。ほかにドイツ、イタリア、カナダなど役員の国籍は一二カ国に及ぶ〉(注4)

木村は、スイスには日本流のやり方を持ち込まず、現地マネージャーの士気を高めるために大幅な権限譲渡をおこなった。

その結果、一九九九年三月期に二〇〇〇億本規模だった海外たばこの売り上げは、二〇〇七年同期には一〇倍の二〇〇〇億本以上に急成長した。たばこの販売数量に占める海外売上の割合は七%から五七%を占めるまでになり、国内を上回った。

JTIの業績が評価され、木村宏は社長に指名された。

企業選定から統合後の構想まで自前で挑んだM&A第二弾

木村が、新たに大規模なクロスボーダーM&Aの検討を開始したのは、RJRI買収から数年後のことだ。

RJRI買収の目的は「まるドメ(まるっきりドメスティック＝超内需型)企業」のJTのグロー

バル化だった。次の目標は「グローバル企業ＪＴＩ」が、さらに大きなスケールになって、世界市場で活躍できるようにするための買収だった。

外部の専門家に頼らず、買収の検討から実際の作業まで自前でおこなった。こうした背景にはＲＪＲＩ買収における反省があった。

ＲＪＲＩの買収は複数企業による入札となった。売却発表から入札まで時間がなく、ぶっつけ本番だった。

準備不足のため、買収後、統合計画の策定に八ヵ月も費やした。しかも、のちにドル箱となるロシアは、深刻な財政危機におちいっていて先の見通しが立たない情況だった。

カネを出せば買収はできる。だが、買収が決まると、買収される側の役員や従業員は不安におちいる。迅速《じんそく》に統合できないと、有能な人材はライバル社に一本釣りされて、人材の草刈り場になりかねない。統合まで八ヵ月かかったのでは、あまりに遅い。

ＪＴ本社の社長に就任した木村は、ＲＪＲＩ買収のときの轍《てつ》を踏まないよう、幹部社員を集め、買収プロジェクトチームを編成した。

買収によるシナジーとリスクを慎重に検討。買収後の青写真を何度もシミュレーションし、選定作業を重ねた末、英国のギャラハーを買収のターゲットとすることにした。

世界第五位の英メーカーを二兆円超で買収

二〇〇六年一一月二八日。東京・虎ノ門のＪＴ本社役員室で取締役会が開かれた。

「英国ギャラハーを買収することになりました。われわれに買収の意向があることを、先方に正式に伝えたい」

社長の木村宏が、こう切り出した。買収が寝耳に水という役員もいた。

しかも買収金額は二兆円超。ＲＪＲＩの買収金額の倍以上という、気が遠くなるような数字だ。取締役たちが驚愕《きょうがく》したのも無理もなかった。

最終的には、全役員の賛成を得て、買収計画は承認された。

財務省には事前に説明した。会長は旧大蔵省主計局長出身の涌井《わくい》洋治《ようじ》である。ＪＴのオーナーである財務大臣の尾身《おみ》幸次《こうじ》は「ＪＴの判断を尊重したい」と買収を容認したという。

ギャラハーは一八五七年、北アイルランドでパイプたばこの製造を目的に創設された。ベンソン＆ヘッジス、シルクカットなどを主要銘柄とする、世界第五位のたばこ会社だ。

英国に本社を置くが、オーストラリアの国営企業やロシアでいちばん売れている紙たばこのブランドを買収したことから、オーストラリア、ロシア、カザフスタン、ウクライナなどに強力な販売網を持っていた。

「愛煙家王国」ロシアやウクライナ市場をドル箱としている会社だ。ＪＴにとっては垂涎《すいぜん》の的《まと》だった。

ＪＴとギャラハーは、もともと欧州において友好関係にあった。ＪＴは欧州市場向けのたばこをギヤラハーに委託してつくってもらっていた。

ギャラハーは、「いずれどこかとの合併を検討することになろう。ならば友好的買収を期待したい」との意向があったと伝えられている。

二〇〇六年一二月一五日、ＪＴはギャラハーと買収で合意した。

裁判所が介在し、株主総会の同意を得ておこなう「スキーム・オブ・アレンジメント」と呼ぶ英国流の手続きに沿って、買収を進めた。友好的な買収であった。

スピーディーな買収完了のための高値づかみ

ＪＴは二〇〇七年四月一八日、ギャラハーの買収手続きを完了したと発表した。

純有利子負債を含めた買収総額は、日本企業で過去最大の九四億ポンド（約二兆二五三〇億円）にのぼった。全株式の取得に、総額七五億ポンド（約一兆七八〇〇億円）を要した。

七〇〇〇億円の手元資金に加え、米メリルリンチ・グループとみずほ銀行から調達した一兆円余の借入金でまかなった。

買収プロジェクトに関わったメンバーが、統合作業の中心となった。統合計画づくりを円滑に進めるために、海外事業を統轄するＪＴＩの経営陣にギャラハーの幹部二人を加えた。

統合委員会の委員長には、ＪＴＩのピエール・ド・ラボシェールＣＥＯ（最高経営責任者）が就任。ギャラハーのナイジェル・ノースリッジ前ＣＥＯも委員として加わった。

ＲＪＲＩ買収の際に、統合計画の策定が長期化したことへの反省から、一〇〇日間という短期間で統合作業を完了した。

買収と統合がスムーズにいったのは、買収に入る前から買収後の青写真を、きちんと描いていたからである。

世間は、買収、合併、業務提携など企業間の合従連衡にサプライズを感じることが少なくなったが、それでも、斜陽のたばこ産業界での二兆円超の買収は驚きをもたらした。

世界第三位・ＲＪＲＩの買収額は、九四〇〇億円だった。世界第五位のギャラハーの買収額は、その二・四倍の二兆二五三〇億円だ。

どうして、こんな高額な買収になったのか。

ギャラハー買収で、社長の木村宏とともに中心的役割を果たしたのは、海外子会社ＪＴＩの副社長、新貝康司《しんがいやすし》だった。海外事業の日本人トップである。

新貝はメディアの取材に、「せこい交渉はしなかった」と言い切った。

〈金額は安いほうがいいが、ＪＴが支払うプレミアム（割増金）と今後享受《きょうじゅ》するシナジー（合併後の利益）とを比較して、シナジーの価値が大きければ、あとはそれぞれのステイクホルダー（利害関係者）に、説明ができる交渉結果になればいい〉（注5）

買収がほぼ決まりかけていた二〇〇六年一二月、新貝がいちばん懸念していたのは、買収手続きが完了する直前にライバルが出現して横取りされることだった。

「鳶《とび》に油揚げをさらわれる」のを防ぐために、二兆円超の高い買い物になったというのが、隠された本当の理由である。

「成長するための時間」を買った

ＪＴはＭ&Ａで「成長の時間を買った」と、つねづね言っている。ＲＪＲＩにつづくギャラハー買収によって、ＪＴグループは世界第三位のたばこ会社の地位を固めた。

世界のたばこのシェアはマールボロ、Ｌ&Ｍを持つ米フィリップ・モリス・インターナショナルが二五・五％で首位。ＫＥＮＴ、ラッキーストライクの英ブリティッシュ・アメリカン・タバコが一九・一％で二位。ＪＴグループは一四・五％で三位だ。二位の背中が見えてきた。

銘柄別では、マールボロがダントツである。ＪＴグループでは、ウィンストンが二位、マイルドセブンとメビウスを合計して四位、キャメルが七位だ（いずれも二〇一二年実績、ＪＴ調べ）。強力な銘柄群を持っている。

ＪＴのグローバル戦略は他社にみられないものである。海外事業をになうＪＴＩを「世界本社」と位置づけていることだ。

ＪＴＩがグローバル企業で、ＪＴの海外事業の機関車役となっている構図だ。「買収先の日本化」といった単純なものではない。

超ドメスティック企業であるＪＴが、グローバル化していくうえでの「最適解」がこれだったと、ＪＴの首脳陣は胸を張る。

売上高が激減する国際会計基準

グローバル企業となったことで、ＪＴは二〇一二年三月期から国際会計基準（ＩＦＲＳ）を適用した。

社長の木村宏は会見で「財務情報の国際的な比較可能性を向上させるとともに、国際金融市場における資金調達手段の多様化をめざして、ＩＦＲＳの適用を決めた」と説明した。

競合相手が外国企業であるＪＴが、他社と会計基準を同一にするメリットは大きい。簡単にフィリップ・モリス・インターナショナルやブリティッシュ・アメリカン・タバコなどの海外の有力なたばこ会社と、業績や財務内容を比較することができるからだ。

ＩＦＲＳ適用に先立つ二〇一一年三月期には、日本基準と国際会計基準の二つの連結財務諸表を開示した。日本基準の売上高は二兆四三二六億円、ＩＦＲＳ基準の売上収益（ＩＦＲＳでは売上高ではなく売上収益と呼ぶ）は二兆五九三億円だった。

前年（一〇年三月期）の日本基準の売上高は六兆一三四六億円。それが日本基準、ＩＦＲＳ基準ともに二兆円台に激減したのだ。

日本基準の一一年三月期の売上高は、たばこ税相当額を控除した数値である。売上高の約六割がたばこ税だから前年に比べて三兆七〇〇〇億円の税金分がたばこの煙のごとく消え去った計算になる。

一方、ＩＦＲＳの収益計上基準では、売上収益に税金（間接税分）は含めない。ＩＦＲＳの間接税の取り扱いについて少し述べる。

間接税は消費者が負担するもので、納税事務を企業が代行する税だ。代表例は消費税。たばこ税も税金を納めているのは会社なので間接税となる。

ＩＦＲＳでは間接税は売り上げの対象外としている。消費者から受け取るのは間接税込みの金額になるが、税金の増減は収益に影響を及ぼさない。そこで、間接税を除いた金額を売り上げとして計上することになっている。

ＩＦＲＳでは、たばこ税は売り上げにカウントされない、間接税を売上高に含めてきた日本基準に比べると、売り上げは格段に小さくなる。

たばこ業界だけでなく、税金の比重が大きいアルコール飲料業界も同じ図式になる。

ＩＦＲＳ基準を適用すると、巨額の売上高が消し飛んでしまう恐ろしさがある。

海外売り上げが国内の一・九倍にまで成長

ＩＦＲＳ適用にともない、決算期を変更した。日本企業は三月期決算が主流だが、グローバル企業は一二月期決算が基本だ。

ＪＴは二〇一四年から、決算期を三月期から一二月期に変更した。

二〇一四年は四月から一二月までの九ヵ月の変則決算となった。これでは前年との比較が困難だ。そこで、比較できるように一三年と一四年の一～一二月の一年間の決算を同時に開示した。

これを見ると子会社のJTIと親会社のJTの力関係は、とっくに逆転していることがわかる。たばこの販売数量は国内が一一二四億本なのに対して、海外は三九八〇億本。全体の販売数量の七八％を海外が占めている。

全社の売上収益は二兆四三三五億円（前年同一期間比二・六％増）である。このうち国内のたばこ事業は六八五九億円（同〇・七％減）。海外たばこ事業は一兆三一八〇億円（同四・六％増）。海外売り上げが国内の一・九倍になっている。

本業の儲けを示す調整後の営業利益は六六〇一億円（同七・八％増）だ。国内たばこ事業が二三八七億円（同一・八％増）なのに対して、海外たばこ事業は四四七一億円（八・八％増）。海外が、国内の一・九倍の利益を叩《たた》き出している。

経営の多角化を進めてきたが、加工食品事業だけが一四億円の黒字で、医薬品事業は七三億円の赤字。飲料事業も五億円の赤字となった。

売上収益の五五％、営業利益の六八％を稼いでいるのが海外たばこ事業である。JTは海外たばこ事業にオンブにダッコの状態であることがわかる。RJRIとギャラハーを買収せずに国内にとどまっていたら、JTの業績は見るも無惨《むざん》なものになっていただろう。数字を見る限り、クロスボーダーのM&Aは正解だったといえる。

海外事業をになうＪＴＩを「世界本社」と位置づけている理由が、まさにここにある。いまや、「世界本社」ＪＴＩにぶら下がる「ローカル本社」ＪＴというのが実態だ。「庇《ひさし》を貸して母屋を取られた」格好である。

ＪＴはクロスボーダーＭ＆Ａで蘇生したが、その代償もまた、大きかった。

海外たばこ事業の採算が悪化

ＪＴの成長は踊り場を迎えた。海外の大型Ｍ＆Ａをテコに利益を伸ばしてきたが、ここへきて海外たばこ事業が減速する。主力のロシア市場で、ルーブルの急落が業績の足を引っ張る。

二〇一五年一二月期連結決算の調整後営業利益は五八五〇億円の見込み。前年の同一期間と比べると七五一億円（一一％減）と大幅減益になる。成長の牽引《けんいん》役だった海外たばこ事業の営業利益は三六二〇億円で八五一億円（二〇％減）の目減りを想定している。

ルーブル安など為替の影響をのぞいても、海外たばこ事業は縮小する。世界各国で健康志向が高まったことを背景に、海外たばこの販売数量は三九二〇億本と六〇億本の減少を見込んでいる。この結果、海外たばこ事業の売上収益は一兆二七七〇億円で五一〇億円（四％減）の減収となる。

海外たばこ事業のマイナス成長が響き、全社の売上収益は二兆三八〇〇億円と、実質二％減の五三五億円のマイナスになる見通しだ。

多角化の一環で一九八八年にはじめた飲料事業から、二〇一五年九月をメドに撤退する。飲料事業は業界一〇位と足踏みをしていた。事業拡大にはM＆Aによる規模拡大しか道は残されていなかったが、飲料業界にはオーナー企業が多く、ハードルは高かった。これ以上の展開は無理と判断して白旗をかかげた。

二〇一五年に、一〇〇〇億円を上限に自社株買いを実施する。小泉光臣《こいずみみつおみ》社長は記者会見で「(海外の競合企業より)魅力ある株主還元を実施し、一株あたりの利益を伸ばす」と述べた。

自社株買いは、海外たばこ事業の採算悪化を懸念する投資家の売りが五月雨《さみだれ》式に出て、株価が下落するのを防ぐための対策である。

M＆Aで手に入れた海外のたばこ事業が、初めて減益に直面する。JTが抱える巨額の「のれん」代の扱いに関心が集まる。

「のれん」代の償却の有無が営業利益を左右する

M＆Aを実施すると、M＆Aにより増加する資産および負債と投資額の差額が「のれん」代として計上される。

「のれん」代は、日本の会計基準では、二〇年以内に償却することが要求されている。償却額は販売費および一般管理費に計上され、営業利益を圧迫する要因ともなる。

大型案件の場合、「のれん」の計上額およびその償却負担も相当なものになり、買収企業の業績に大きな影響を与える。

ＩＦＲＳ基準だと、「のれん」代は、買収した企業の価値が下がった場合だけ減損処理するルールになっている。そのためＪＴは、一九九九年のＲＪＲＩの買収で発生した「のれん」代については、償却を見送ってきた。

ところが二〇〇九年三月期からは、海外で買収した企業に関しても、日本基準の連結決算に加える場合は、「のれん」代を償却する義務が発生した。

ＪＴは二〇〇七年に買収した英ギャラハーと、ＲＪＲＩを合わせて、「のれん」代を償却しなければならない羽目になった。

二〇〇八年三月期の連結決算に計上された「のれん」代は、二兆一〇六八億円。二〇年で償却する計画だ。年間一〇〇〇億円程度の「のれん」代の償却負担が発生して、営業利益を押し下げる原因になった。

ＪＴがＩＦＲＳを採用したのは、「のれん」代の償却をおこなう必要がないからだ。直接的には、営業利益を押し上げる狙いがある。

ＩＦＲＳを初めて適用した二〇一二年三月期は、日本基準も開示しているので二つの財務諸表を比較してみるとわかりやすい。

ＩＦＲＳ基準の当期利益は三二八五億円。これに対して日本基準のそれは二二七三億円。ＩＦＲＳのほうが日本基準より一〇一二億円も利益が多い。

利益が多いのは、「のれん」代の償却の有無によるものだ。「のれん」代を償却しなかった分だけ、表面上の利益がふくらんだのである。

ＩＦＲＳの導入には、大きな落とし穴が存在する。「のれん」代の定期的な償却をおこなわない代わりに、減損にかかわる判定は厳格である。

企業は毎期、のれんの「減損テスト」を実施し、「のれん」代をそのまま貸借対照表に計上しておいてよいかどうかを吟味《ぎんみ》しなければならない。減損テストの結果が悪ければ、大きな減損損失を計上することになり、一気に赤字に転落することにもなる。

日本の上場企業のなかでは、ＪＴとソフトバンクが「のれん」代の残高が大きい両横綱だ。

ＪＴの二〇一四年一二月末日時点の「のれん」代は一兆五三九三億円。資本合計二兆六二二五億円の六割弱を占めるほど巨額だ。これが巨費を投じたクロスボーダーＭ＆Ａの、負の代償である。

ＪＴは、「のれん」代という名の時限爆弾を抱えているのである。

抜け出せないお役所体質

ＪＴは二〇一二年六月、小泉光臣が六代目社長になった。小泉は一九五七年四月、神奈川県に生まれた。一九八一年東京大学経済学部を卒業、日本専売公社に入社。父親も専売公社の職員で、二代つづいての専売公社マンだ。民営後は、経営企画畑を歩いた。

ＪＴによるＲＪＲＩ買収は、総責任者が四代目社長になった本田勝彦、実務執行責任者は五代社長の木村宏。小泉は買収プロジェクトチームのメンバーに加わった。

三代つづく社長がＲＪＲＩ買収に関わってきた。ＲＪＲＩの買収が大仕事だったことを歴代のトップ人事が証明している。

一連のＭ&Ａで、主導的役割をになったのが木村宏である。ＲＪＲＩ買収後は、スイス・ジュネーブ駐在となり、事業の統合を陣頭指揮した。社長時代には、ギャラハーを買収した。

二〇一二年に会長に就き、社長、会長とも生え抜きという体制になったが、財務省の巻き返しで、この体制は長くはつづかなかった。

二〇一四年六月、木村宏は会長を退き、後任に、元財務事務次官の丹呉《たんご》泰健《やすたけ》が天下ってきた。木村が悲願としていたのが、完全民営化である。

ＪＴは筆頭株主が財務大臣ということと、国内葉たばこ農家を抱えていることで、社員の多くはつぶれることはないという安心感にひたっている。官公庁と同じで緊張感はなかった。

ＪＴのお役所体質を克服し、経営のフリーハンドを得るために、完全民営化はぜひとも実現しなければならない。

二〇一三年三月、政府は東日本大震災の復興財源のため、ＪＴ株式の一部を売却した。それでも、財務大臣が三三・三％を保有する筆頭株主であることに変わりはない。

「グローバル企業」ＪＴＩと「ドメスティック企業」ＪＴ──。双頭のモンスターとして、ＪＴグループは、今後も存在しつづけることになる。

教訓▼巨額の「のれん」代をどう処理するか

ＪＴのクロスボーダーＭ＆Ａは、成功だったのだろうか。短期的には、たしかに成功したといえる。ＪＴは米ＲＪＲＩ買収後の事業の統合という難題を、うまく処理し、海外たばこ事業を成功させた。その延長線上で、英ギャラハーを買収して、業績（＝利益）を上乗せした。

うまくいった理由は何か。現地に権限を委譲したことだ。丸投げである。バブル時代のＭ＆Ａの失敗例の典型は、「カネは出すが口は出さない」ケースだった。

ＪＴは、お人好しの日本企業とまったく同じ手法でうまくいった、希有《けう》なケースとなった。

だが、その代償が、一兆五三九三億円という気が遠くなるような「のれん」代だ。「のれん」代をどう処理するのか。この帰趨《きすう》によって、クロスボーダーＭ＆Ａが成功したか、失敗したかの最終評価が決まる。

第７章　日本板硝子――グローバル経営の人材・力量不足

▼英ピルキントン社の買収

売上高二倍差の「小が大を呑む」買収

日本板硝子《いたガラス》による英ピルキントンの買収は、クロスボーダー（国境を超えた）Ｍ＆Ａに突き進む日本企業にとって二つの試金石となった。

一つは小が大を呑《の》む買収は成功するかということ。二つ目は日英の文化の壁を乗り越えられるかということ。

日本板硝子は二つの壁に激突して失速した。なぜ、Ｍ＆Ａは失敗したのかを検証してみる。

二〇〇六年二月二七日、板ガラス世界第六位の日本板硝子は、同三位の英ピルキントン社の全株式を取得し、完全子会社にすることで双方が合意したと発表した。

一株あたりの買収価格は一六五ペンス（約三四〇円）で、買収総額は一八億ポンド（当時の為替レートで約三五八五億円）になる。ピルキントン社が抱える有利子負債の借り換え分を含めると、総額で三〇億ポンド（約六一六〇億円）という大型買収だ。

当時の日本板硝子の連結売上高は、二六四九億円（二〇〇五年三月期）である。一方、ピルキントン社の売上高は二四億ポンド（約五〇〇〇億円）だ。

売上高が二倍の企業を買収する。まさに「小が大を呑む」買収だった。

ガラスには、建築や自動車の窓に使われる板ガラスと、ディスプレイ用ガラス、食器やガラス瓶など立体ガラスがある。この業界の大きな特徴は、市場が独占的になっていることだ。わずかな企業への寡占《かせん》化が進んでいた。

建築用・自動車用板ガラスの分野では、中国をのぞいて八社がメインプレーヤーだった。ピルキントン社は世界シェア一一%で三位、日本板硝子は同四%程度で六位。両社を合わせると売上高は八〇〇〇億円弱となり、一五%のシェアに迫る。いままで世界一だった日本の旭硝子とフランスのサンゴバンを抜いて、世界一になる。

日本板硝子の社運を賭けた一世一代の大勝負は、経済・産業界の話題をさらった。

ITバブルがはじけ、頓挫した情報電子会社構想

日本板硝子は一九一八年、熔解《ようかい》ガラスから成形する板ガラス製法の一つ「コルバーン式製板法」の

技術導入をめざして、大阪市で設立された。翌一九年に福岡県若松市（現・北九州市）に最初の工場を建設して製造をはじめた。

住友グループの社長会「白水会」のメンバーで、板ガラスでは国内二位だが、圧倒的なシェアを握る三菱グループ「金曜会」の旭硝子に、大差をつけられていた。

「旭硝子に追いつき、追い越せ」を目標に一九九八年に社長に就任したのが、出原洋三《いずはらようぞう》である。

一九三八年九月生まれ。一九六二年に京都大学法学部を卒業、日本板硝子に入社した。一九八八年に子会社の日本硝子繊維に転じ、社長として実績を上げたことが評価され、本体の社長に指名された。

ＩＴ（情報技術）業界がネットバブルの熱狂に沸《わ》いていた時代だ。光通信機器に使われるレンズがバカ売れした。

二〇〇〇年、出原は「二〇一〇年に情報電子会社になる」と狼煙《のろし》をあげ、光通信向けのマイクロレンズ事業に投資を集中した。

〈一〇年間で二〇〇億～三〇〇億円を投じて相模原工場（神奈川県）や四日市工場（三重県）のほか、米国やフィリピンなど海外でも生産拠点を拡充し、同事業の売上高を約六倍の一二〇〇億円に増やすとしていた。

ところが、計画を打ち出した直後にネットバブルが弾け、北米など光ファイバー通信向け投資が一気に冷え込み、光レンズの需要も急減。最終的に累計で一〇〇億円を超える損失を出し、五つの工場を閉鎖。二〇〇二年三月期に二二億円、〇三年三月期に三一億円の最終赤字を計上した〉（注１）

会長が温めてきた海外進出の切り札でリベンジ

二〇〇四年六月、藤本勝司《ふじもとかつじ》が社長の椅子に座った。

一九四三年七月生まれ。一九六八年京都大学大学院工学研究科を修了、日本板硝子に入社。研究技術畑を歩き、光事業部長、情報電子カンパニープレジデントを歴任し、情報電子事業の拡大に注力してきた。このことが買われ、出原の後を継ぎ、一二年ぶりの技術系出身社長が誕生した。

藤本は就任当初、「市場の要求を読み違えないこと、いきなり大きな見込み投資は避けること」と、ITバブルに悪乗りしたことへの反省を口にしていた。

こうした最中《さなか》、二〇〇五年秋、ピルキントン社の買収話が浮上した。まだ、ITバブルの過大投資の傷が癒《い》えないリハビリ中の身だったが、「投資GO」に方針を転換した。

ピルキントン社の買収を主導したのは、会長の出原洋三である。海外進出に出遅れたことを一気に挽回《ばんかい》するホームランを狙った。

海外展開では、ライバルの旭硝子がベルギーのグラバーベルを傘下《さんか》におさめて、世界一の総合メーカーに羽ばたき、国内三位のセントラル硝子もフランスのサンゴバンとの提携に踏み切った。

〈ピルキントン社の買収は、出原会長の〝リベンジ〟の色合いも濃厚である。一時的にしろ、ITバブル時に旭硝子の株価を追い抜いた日本板硝子は、経営者ともども市場やメディアの注目を集めた。だが、バブル崩壊後は、一転して、〝過去の人〟扱いされてしまった〉（注2）

情報電子会社構想が挫折《ざせつ》した出原は、その汚名を雪《そそ》ぐために、経済界をアッと言わせるような大花火を打ち上げることを決意した。それがピルキントン社の買収だった。

出原が社長時代に、海外進出の切り札として温めてきた案件でもあった。

ＩＴバブルが崩壊した二〇〇〇年七月に、ピルキントン社に一〇％出資した。二〇〇一年一〇月、出資比率を二〇％に高めて持ち分法適用会社に組み入れた。このときから、ピルキントン社の買収計画が本格的にはじまった。

社長の出原のもと、企画部がＭ＆Ａ戦略を練《ね》った。あらゆるシミュレーションをして、「最少のリスクで最大のシナジー（相乗効果）を上げる」ピルキントン社の買収計画案ができあがった。そうしてピルキントン側から「買収しませんか」との声がかかり、いよいよチャンス到来だ。

用意万端をととのえて、ピルキントン社の買収に臨《のぞ》んだ。総指揮官は、社長を辞任して会長になっていた出原洋三、実務責任者が社長執行役員の藤本勝司である。

ピルキントン会長は名うてのＭ＆Ａ請負人

ピルキントン社は一八二六年、英国西北部ランカシャー地方で創業したガラスの名門だ。第二次世界大戦後、溶融した錫《すず》の上に溶融したガラスを浮かべて、平らでなめらかな板ガラスを連続的に生産する「フロートガラスの製法」を開発した。これにより、高品質のガラスを安く大量に市場に供給することが可能になった。

世界中のガラス製造業者が、この製法を使いたいと、特許の許諾を求めてきた。ピルキントン社は特許料の収入で大いにうるおった。日本板硝子も特許の許諾を受けた一社だった。

ピルキントンは一九七〇年、ロンドン証券取引所に上場した。だが、九〇年代半ばに業績が悪化した。

九五年にピルキントン社を買収して会長に就いたのが、「乗っ取り屋」の異名《いみょう》をとるナイジェル・ラッドだった。

〈ラッド氏は経営不振企業に乗り込んで業績を立て直し、高値で転売して利益を得るターンアラウンド型のM&A請負人として名を馳《は》せており、ピルキントンのほか、欧州ドラッグストア大手のブーツ社の会長も兼務していた〉（注3）

ピルキントン社に乗り込んだラッドは、従業員数を約四割減らし、二万四〇〇〇人とした。そして、成長分野とされていた自動車向けガラスに経営資源を集中した。

自動車向けガラスが好調で業績が急回復したことで、ラッドは「売り時」と判断したようだ。日本板硝子に買収話を持ち込んだ。

買収価格には三割のプレミアムを上乗せ

M&Aの修羅場《しゅらば》をくぐり抜けてきた海千山千のラッドは、役者が一枚も二枚も上手だった。板硝子側は手玉に取られた。

買収交渉がおこなわれた五ヵ月間に三度、買収価格の上乗せを余儀《よぎ》なくされた。板硝子側は当初一株あたり一五〇ペンスを提案していたが、ラッドにはねのけられ、最終的には一六五ペンスで決着した。

買収価格は、有利子負債の借り換えなどを含め総額三〇億ポンドに達した。Ｍ＆Ａの金額には約三割のプレミアム（割増金）が上乗せされていた。

出原は、買収交渉についてこう語っている。

〈交渉相手のピルキントンの会長と社長は、提案される買収価格だけに関心があり、統合後の戦略とか従業員の処遇《しょぐう》などには関心がないようでした。（これでは）株価がつり上げられるだけだと（判断し）、私は昨年（二〇〇五年）一一月の三回目の交渉後、帰国しました。これに相手は驚いたようで、すぐ飛んできた。一月に交渉が再開、同月中に話がつきました。英国人との交渉は、やめると言ったときから本番が始まる――と英国に詳しい人から聞きました〉（注４）

英国のＭ＆Ａは、買収交渉がはじまると、株主に交渉経過を報告しなければならない決まりになっている。買収する側、される側が、それぞれ雇ったＰＲ会社が、新聞や証券アナリストに途中経過を発表する。

交渉内容が評価されれば、株価は上昇する。

Ｍ＆Ａのテクニックに長《た》けたラッドの口車に乗せられた。ラッドは高値で売り抜け、日本板硝子は、結果的に高値づかみした。

グローバル企業に変貌後、どうやって運営するか

小が大を呑む買収が実現した。日本板硝子は海外売上高比率が二割から七割へと急増し、生産拠点は二九ヵ国、従業員は二割が日本人で、それ以外はすべて外国人というグローバル企業へと急激に転換した。

買収後、日本板硝子はグローバル企業の管理運営という難しい課題に直面した。

買収当時、日本板硝子は海外に生産拠点があるにはあったが、基本的にはドメスティック（国内型）企業で、グローバル企業の経営ノウハウを持ち合わせていなかった。

これに対して、ピルキントン社はヨーロッパ、北米、南米の二五ヵ国に生産拠点を持ち、グローバル経営のノウハウを蓄積していた。

この課題を解決するために出原が率いる買収プロジェクトチームが出した答えが、「外国人が経営し、日本人が監視する」という特異な企業統治形態だった。日本的経営のいいところを残しながら、ピルキントン社のグローバル経営のノウハウやシステムをそのまま引き継ぐことにした。

「買収したか、されたかを超越する発想の転換をおこなった。これぞハイブリッド経営体制だ」と自画自賛した。

サッカーのJリーグに置き換えてみればわかりやすい。ワールドカップを戦える力量を持った日本人監督がいないので、日本のナショナルチームの監督に外国人を招き、チームの運営を任せる。Jリーグも、日本人はチームのオーナーとして監視する体制をとるチームばかりになった。

買収した会社のトップを社長に抜擢

買収から二年後に「外国人が経営し、日本人が監視する」体制に移行した。

二〇〇八年六月二七日、日本板硝子の社長にスチュアート・チェンバース副社長が昇格した。一九五六年五月生まれ。一九七七年ユニバーシティカレッジ・ロンドン卒。ロイヤル・ダッチ・シェル勤務などを経て、一九九六年に経営再建中のピルキントン社に入社。二〇〇二年に社長に就任し、ナイジェル・ラッド会長の下で買収交渉をになっていた。

二〇〇六年六月、日本板硝子の取締役に就いた。二〇〇七年四月、日本板硝子とピルキントン社は事業の一体運営を開始した。

チェンバースは建築用・自動車用ガラスの執行責任者、副社長、代表権のあるＣＯＯ（最高執行責任者）を歴任し、日本板硝子社長に昇格した。

買収した会社のトップを、本体の社長に抜擢《ばってき》したのだから、経済界は驚いた。

後任社長にチェンバースを起用した藤本勝司は、この人事について「プロ野球でもサッカーでも、日本のチームだからといって日本人が監督になる時代ではなくなった」と胸を張った。

空理空論だった「外国人が経営し、日本人が監視する」経営

買収の時点では、小が大を呑みこんだといわれたが、結局は、大に呑み返されたのではないか、との見方が広がった。

委員会設置会社への移行にともない、取締役会議長になった出原洋三は『週刊東洋経済』（二〇〇八年六月一四日号）のインタビューで、「外国人社長を任命したが、監視をするのは日本人です」と持論を得々として語っている。

〈確かに買収したんだから、日本人が社長になれば、外から見たらすごくわかりやすい。しかし大事なことは、ピルキントン買収で二九カ国に拠点を展開するようになった日本板硝子をマネジメントできるのは誰か、ということです。従業員が一挙に三倍の三万数千人になった日本板硝子を管理できるか。

日本人も含めて誰がいちばんいいだろうか、と考えていくと、残念ながら日本人の中にそれだけの経験を持っているものがいない。極めて慎重にベストの人材を探していくと、少なくとも日本や東南アジア以外でやってきたピルキントンの社長にやらせるのがベストだ、ということで選んだ〉（注5）

経営を監視するために、委員会設置会社に移行した。

トップ人事を決める指名委員会委員長は、取締役会議長の出原、監査委員会委員長は副会長の阿部《あべ》友昭《ともあき》、報酬《ほうしゅう》委員会委員長は社外取締役（英ケンブリッジ大学ジャッジ経営大学院シニア・フェロー）のジョージ・オルコットである。出原が影響力を行使できる人間に委員長を委嘱《いしょく》した。

日本板硝子の取締役メンバーは、執行を担当する「外国人チーム（執行役）」と監視役の「日本人チーム」に分かれた。出原取締役会議長が率いる「日本人チーム」とチェンバース社長兼CEO（最高経営責任者）率いる「外国人チーム」の混成部隊だ。

これが「外国人が経営し、日本人が監視する」ハイブリッド経営体制の実態であった。

この両チームの対立構図が経営陣の融合の足かせになるであろうことは、当初から予想できた。予想できなかったとするなら、それこそ経営トップにとってもっとも必要な予知力が欠けていたことになる。

市場動向を読み違えた初代外国人社長が退任

二〇〇九年八月二六日、日本板硝子はスチュアート・チェンバース社長兼CEOが九月末日で辞任する、と発表した。就任からわずか一年二ヵ月。「家族と多くの時間を過ごすため」と言って、社長の座を放り出してしまった。

チェンバースは記者会見で、八月の休暇中に家族と過ごした際に「社長職にとどまると一六歳の息子が、見知らぬ他人になってしまう不安を感じた」と述べた。

ここまでならまだダメな社長ですんだが、言うにこと欠いて「日本の古典的なサラリーマンは会社第一主義だ。それが間違いだとは言わないが、私には家族が一番だ」と口にした。

まるで日本のサラリーマンは会社の奴隷《どれい》で、社長の重責にありながら〝敵前逃亡〟する自分が人間的であるかのような言い草であった。

チェンバースは市場の動向を読み違えていた。これが、チェンバースが白旗をかかげた本当の理由である。一六歳の息子などクソくらえだ。辞任するための口実にすぎない。

チェンバースは液晶《えきしょう》パネル事業を多くの資金が必要になる金喰い虫と判断して、投資ファンドのカーライルに売却し、プラズマテレビ用ガラスを残した。

だが、消費者が受け入れたのは大型液晶テレビだった。薄型テレビの世界市場の争奪戦では、プラズマテレビの盟主パナソニックが大敗北して、巨額赤字に転落した。

太陽光発電用ガラスは唯一《ゆいいつ》、成長が期待された分野だが、ピルキントン社にはなかった。チェンバースが不得手な分野だったので、投資を怠《おこた》った。

チェンバースは市場の動向を読み違えたことを棚に上げて、「この国の人事制度や商習慣がこれほど国際展開にそぐわないものだとは思っていなかった」と、すべてを日本市場と日本企業の体質の古さのせいにした。

チェンバースは社長就任時、「成功の指標はひとつだけ。それは株価、市場の評価です」（注6）と大見得《おおみえ》を切った。

期待感から二〇〇八年九月一日に株価は五九一円をつけたが、退任した二〇〇九年九月三〇日のそれは三〇〇円と半分になった。市場はチェンバースの手腕を評価しなかった。

二代目外国人社長をヘッドハンティング

日本板硝子の社長には、取締役会長に棚上げされていた藤本勝司が復帰した。チェンバースの突然の辞任で、外部から招聘《しょうへい》するには時間がなかったからである。

藤本はピルキントン社買収を推進した一人だったが、彼がトップの器《うつわ》でないことは、後ろ盾《だて》である出原洋三取締役会議長だけでなく、取締役の共通認識だった。

藤本はタレントの千秋《ちあき》の父親として知られている。

ピルキントン社の買収交渉を進めている最中の二〇〇五年一一月、結露防止のエコガラス「真空ガラススペーシア」のイメージキャラクターに、娘の千秋を起用した。ＤＶＤ「千秋の誰も知らないガラスの話」のプレゼントキャンペーンを大々的にやって、社内外からブーイングを浴びた。

同族会社のワンマン社長であっても、娘をＣＭに使うような恥ずかしいことはしない。東証一部上場の経営トップが、平気で公私混同する。持ちなれない権力を手に入れて舞い上がったこうした姿には、経営トップの器量のかけらすらなかった。

本来なら、経営者失格の烙印《らくいん》を押されて追放されても仕方のないような愚《おろ》かな行為をしたわけだが、ピルキントン社買収の際の社長ということで生き残ってきただけなのだ。

当然のこととして、買収後の新体制では会長に棚上げされていた。

ところが、チェンバースが社長の椅子を蹴飛《けと》ばしたため、急遽《きゅうきょ》、社長に復帰した。藤本の任務は次期社長を探してくる、ヘッドハンティングだった。

二〇一〇年六月二九日、クレイグ・ネイラーが社長兼ＣＥＯに就いた。二〇〇六年一二月まで、米デュポンの電子・情報技術部門担当の上席副社長をつとめていた。すでに経営から身を引いていたネイラーをヘッドハンティングして、二代目の外国人社長に据《す》えた。

藤本勝司が会長に就き、会長の出原洋三は相談役に退いた。

ピルキントン社の買収を主導した最高実力者の出原は、表舞台から去った。ピルキントン社の買収が事実上、失敗したことで、情報電子会社構想の挫折につづき、出原は二連敗となった。

日本人が睨《にら》みを利かせ、外国人が経営するハイブリッド経営の監視役は藤本が引き継いだ。

取締役は一一人。出原に代わって会長に戻った藤本が「日本人チーム」のトップとなり、社外取締役を加えて日本人側は六人。経営をになうネイラーが率いる「執行役の外国人チーム」は五人で、チェンバース時代と同様、執行役副社長の吉川恵治《よしかわけいじ》をのぞく四人はすべて外国人だった。

相次ぐ社長交代、株価は倒産ラインに急落

二〇〇八年九月のリーマンショックと、それにつづくギリシャの債務危機で、ヨーロッパは大不況におちいり、ピルキントン社の買収は完全に思惑外れとなった。

売上高の四割を占めるピルキントン社の本拠地であるヨーロッパで、自動車用ガラスの需要が激減した。成長分野と期待した太陽電池用ガラスも需要が急減。業績は壊滅的打撃を受けた。

日本板硝子の二〇一二年三月期の連結決算（国際会計基準）の最終損益は、二八億円の赤字に転落した。

二〇〇九年にも五八〇〇人の人員削減をおこなっていたが、この業績悪化を受け、二〇一二年二月、

さらに三五〇〇人の人員削減を含むリストラ策が発表された。

つづいて四月一八日、社長兼ＣＥＯのネイラーも「ほかの取締役たちと経営戦略の考え方が合わない」ことを理由に、一年一〇ヵ月で突然辞任した。

業績悪化にともない、打開策をどうするかをめぐって、ネイラーは監視役の「日本人チーム」を率いる藤本と意見が対立した。ネイラーは「実権がない、お飾りのＣＥＯなんかやっていられるか」とケツをまくったのである。

これで、藤本の外国人社長の起用は二度とも失敗した。

後任社長には、日本人唯一の代表執行役副社長である吉川恵治が昇格した。一九五〇年七月生まれ。静岡大学工学部を一九七三年に卒業し、日本板硝子に入社した。入社四年後に出向した日本硝子繊維に一八年間在籍した。

本社に戻った後は、新期事業の情報電子向けの分野を担当。二〇一二年二月には、リストラを遂行《すいこう》する最高プロジェクトマネジメントの責任者に任命されていた。

日本人の社長を起用したことについて、「日本人にも（グローバル化の）資質を備えた人材が育ってきた」と、藤本は苦しい弁明に追われた。

だが、吉川は営業の主戦場である建築と自動車向け板ガラス事業や、海外を統轄《とうかつ》した経験がなかった。

格付け会社、ムーディーズ・ジャパンは一二年三月一二日、日本板硝子の格付けを「Ｂａ３」に格下げした。これは原子力発電事故を起こし存続が危ぶまれていた東京電力と同じ水準だ。

一二年八月七日の株価は、上場以来最安値の五三円まで下落した。株式市場は、日本板硝子を〝倒産銘柄〟と見なしたのだ。

外国人が経営し、日本人が監視するという自慢のハイブリッド経営体制は、もろくも崩れ去ってしまった。

悪名高いMSCBで資金調達、返済で首が絞まる

外国人社長の起用に失敗し経営の混乱を招いたにもかかわらず、責任を取らずに居座った藤本に対して、社内外から批判が強まった。メインバンクの三井住友銀行から「社長交代の混乱を招いた責任を取るべきだ」との声が上がった。

日本板硝子はピルキントン社買収で、債務がふくらんでいた。買収資金三〇億ポンド（約六一六〇億円）はおもに英国で調達した。

日本板硝子は、ロンドンではまったく無名の会社だったので、ピルキントン買収を機に英国の金融界に認知してもらう必要があった。

現金は日本板硝子の自己資金九一〇億円と、ピルキントン社のノン・リコース・ローン（事業資産だけが回収の裏付けとなる融資。事業の収益以上には返済義務を負わない）で五二〇億円を調達。借入金は、英国で三一八〇億円、日本で四五〇億円をそれぞれ銀行から借り入れた。

残り一一〇〇億円は、MSCB（転換価格修正条項付転換社債）を活用した。MSCBは当時、ライブドアがマネーゲームに利用したことで悪名が高かった。既存株主の利益を損なうとして、問題視されていた。

MSCBを引き受けたファンドが、発行企業の株式を空《から》売りし、株価が下がったところでMSCBを株式に転換する。空売りして、株価が下がったことによる儲けがまず入る。

株価が下がれば自動的に転換価格が下がるわけで、そうなれば当初の予定より多くの日本板硝子の株式を手に入れることができる。

株価が若干《じゃっかん》戻したところで、この株を売れば、またまた儲かった。発行する側に不利で、資金の出し手が絶対（といえるほど）損をしないのが、MSCBの最大の特徴だった。

それでも信用度の低い会社からは、低コストでタイムリーに資金を調達できる方法として、MSCBは重宝されていた。

業界を代表するようなリーディングカンパニーがMSCBを発行することはないが、日本板硝子はMSCBに飛びついた。信用を落とすことはわかっていたが金がない。背に腹は代えられなかった。

このMSCBが藤本の首を絞めた。

二〇一四年三月期に、MSCB一一〇〇億円の返済期限を迎えた。一三年三月末の現金および現金同等物は、六五一億円しかない。逆立ちしても返済できない。銀行に頼るしかなかった。

一三年三月末に、メインバンクの三井住友銀行が主導する銀行団（ほかには三井住友信託銀行や日本政策投資銀行など）から、七〇〇億円の協調融資を受けた。九〇億円は個別借り入れで資金を確保、三〇〇億円は借り換えだった。

資金の流動性に万全を期すため、三井住友銀行と二五〇億円の新規の融資枠（コミットメントライン）を設定した。

銀行団に支えられて、当面の資金繰りの危機を乗り切った。

銀行から協調融資を受ける代わりに、一三年三月三一日、藤本勝司は会長を引責辞任。六月の株主総会で取締役からも退いた。

出原洋三と藤本勝司が主導したピルキントン社の買収が失敗だったと、メインバンクの三井住友銀行が最終的に引導《いんどう》を渡した。

赤字、大リストラ、無配と経営はガタガタに

日本板硝子の新ＣＥＯの吉川恵治が海外事業の経験がないことから、二人のピルキントン出身の取締役が補佐することになった。ドイツ出身のクレメンス・ミラーＣＯＯ（最高執行責任者）と英国出身のマーク・ライオンズＣＦＯ（最高財務責任者）である。

日本人が監視し、外国人が経営するハイブリッド経営は、日欧連合のトロイカ（三者による運営）体制に移行した。

大リストラを断行し、二〇一三年三月期は三四三億円の赤字、一四年三月期も一七六億円の赤字となり、一二年三月期以来、三期連続の赤字に沈んだ。買収の翌年から二年連続で赤字となっていたので、買収後の七年間で五回の赤字を出していることになる。

日本板硝子は二〇一四年五月、高付加価値ガラス企業「ＶＡガラスカンパニー」に変容・変革する長期戦略ビジョンを策定した。二〇一八年三月期までの四年間を中期経営計画期間と位置づけ、収益を飛躍的に回復させると謳《うた》った。

勝負どころは、中期経営計画の第一期にあたる二〇一五年三月期である。北米や国内メーカー向けの自動車用ガラスの需要が旺盛だったことから、売上高は前期比二％増の六二〇〇億円。最終損益は四期ぶりに一〇億円の黒字（前期は一七六億円の赤字）を見込んでいる。

兵庫県伊《い》丹《たみ》市の土地売却益や海外の投資先にかかわる会計処理の変更が利益面で寄《き》与《よ》するだけで、本業の収益力が回復したわけではない。

ピルキントン社を買収したときには、「売上高一兆円のグローバル企業になる」と意気軒昂《けんこう》だった。この野望は夢と消えたが、グローバル企業に恥じないものが一つだけある。高額な役員報酬である。

東京商工リサーチの調べによると、二〇一四年三月期（単体決算）が最終赤字で、株主への配当がゼロ（無配）なのに、一億円以上の役員報酬を支払った企業は、日本板硝子が四人でもっとも多かった。ワーストワンである。

副社長ＣＦＯのマーク・ライオンズ、前副会長の阿部友昭、副社長兼ＣＯＯのクレメンス・ミラー、そして前会長の藤本勝司の四人が一億円プレーヤーだった。

藤本は一億一〇〇〇万円の役員報酬を得ていた。引責辞任した役員に、えらく気前がよい。日本板硝子では「二〇〇七年六月の役員退職慰労金制度廃止までの期間に積み立てられていた退職慰労金の支払い」と説明している。

グローバル企業への転換につまずき、赤字、無配経営がつづく。それなのに役員報酬だけは、一歩先にグローバル企業の水準になった。

リストラで日本板硝子を去った社員を含めて、これでは社員は浮かばれない。


教訓▼買収後のグローバル経営の力量が問われる

海外でのM&Aを成功させるには、買収前よりも買収後の統合作業が圧倒的に重要である。日本板硝子にはグローバル企業を経営できる人材がいなかった。出原洋三が率いる買収プロジェクトチームが出した答えが、経営の執行役はピルキントンに任せるがコーポレートガバナンス（企業統治）でグリップするというものだった。「外国人が経営し、日本人が監視する」ハイブリッド経営体制と称した。

だが、ハイブリッド経営は頭の中で練られた空理空論でしかなかった。現実には、まったく機能しなかった。

「オレが主人で、オマエは使用人。つべこべ言わずに稼いでこい」そんな思い上がった態度で、グローバル企業を経営できると本気で考えていたとするなら、滑稽《こっけい》を通り越して悲劇だ。

出原洋三や藤本勝司に、グローバル企業を経営していく覚悟があったかどうかも疑わしい。

二人とも言葉のレトリックを弄《ろう》しただけで、グローバル企業の経営に正面から向き合おうとはしなかった。敵前逃亡したのはチェンバースだけではなかった。

ピルキントン社の買収に失敗した最大の原因は、すべて人にある。

日本板硝子は二〇一五年四月一日付で、森重樹《もりしげき》上席執行役員が社長兼最高経営者（ＣＥＯ）に昇格した。吉川恵治社長兼ＣＥＯは取締役執行役となり、六月下旬に開催される株主総会後に相談役に退く。経営トップの迷走は、まだまだ続く。

第8章　第一三共——〝ババ〟をつかまされた調査能力の欠如

▼インド製薬大手ランバクシー社の買収

買収直後に続々露呈した欠陥

第一三共はインドの製薬大手ランバクシー・ラボラトリーズ（以下、ランバクシー）の買収で、いきなり地獄《じごく》を見た。

二〇〇八年六月一一日、第一三共はランバクシーの子会社化を発表した。

ランバクシーの株式取得はＴＯＢ（株式公開買い付け）、創業家一族からの買い取り、第三者割当増資の引き受け、新株予約権の引き受けの四つの方法でおこなわれ、ランバクシーの株式の六三・四％を四八八三億円で取得した。

ところが、株式公開買い付けが終了した直後の九月一六日に、想定外の事態が襲いかかる。

米国食品医薬品局（ＦＤＡ）が、ランバクシーのインドのパオンタサヒブ、デワスの二つの工場が製造する医薬品三〇品目の、米国への輸入を禁止したのだ。抗生物質の取り扱いや製造器具の洗浄状況、品質管理・生産管理などに関する記録の保存に関して問題が改善されていないというのが、その理由である。

米国はランバクシーの売上高の四分の一を占める大市場だ。対米売り上げの半分の製品を、禁輸措置となった二工場で生産している。重要市場が一時的に剝落《はくらく》したことで、株価が急落した。

ＦＤＡの発表の前日、米投資銀行大手リーマン・ブラザーズが経営破綻《はたん》して、世界同時株安に見舞われていた。

ボンベイ証券取引所とナショナル証券取引所に上場しているランバクシーの株価は、四五〇ルピー（約九〇〇円）前後の水準から転げ落ちた。二〇〇八年一二月末には、半値に近い二五二ルピー（約五〇〇円）にまで崩落した。

その結果、第一三共は二〇〇八年の第３四半期（一〇〜一二月）決算で、「のれん」代の償却額、三五四〇億円もの特別損失を計上することになったのだ。

想定外の事態は、さらにつづく。二〇〇九年二月二五日、ランバクシーがＦＤＡに承認申請している一部の医薬品について、虚偽データを使って申請していたとして、ＦＤＡは承認の再申請、または取り下げを求めた。

二度にわたるランバクシーの失態は、第一三共の業績を痛打した。二〇〇九年三月期に、連結売上高八四二一億円の四分の一に相当する二一五四億円の最終赤字に転落した。

しかし、これは地獄の一丁目にすぎなかった。その後もランバクシーに翻弄《ほんろう》されつづける。ランバクシーの買収は、日本企業の海外におけるＭ＆Ａの最悪のケースとなった。

売り上げ二〇〇〇億円未満の会社に四九〇〇億円投入

ランバクシー・ラボラトリーズ（本社・インド共和国ハリヤナ州グルガオン）は一九六一年六月に、シン一族によって設立されたジェネリック（後発）医薬品メーカーだ。

ジェネリックとは、特許切れになった医薬品と同じ成分・効能の薬を後発メーカーがつくることをいう。特許を持っていたメーカーの製品に比べて半値で売り出すといった例もあり、ジェネリックはコストパフォーマンスがいい。

ランバクシーの主力商品は、高コレステロール血症や感染症を治療する後発医薬品である。インド国内に六工場、海外に四七の拠点を持ち、一万二〇〇〇人の従業員を抱える。二〇〇七年一二月期の売上高は一八五六億円、経常利益は二四九億円である。

第一三共は売り上げが二〇〇〇億円にも満たない規模のランバクシーの株式の六割を買うのに、四九〇〇億円近い巨額の資金を投じるのである。「高すぎるのではないか」との見方がアナリストから出された。

買収価格は、買収発表前日の二〇〇八年六月一〇日の終値《おわりね》に対して、三一・四％のプレミアム（割増金）をつけたものだ。財務アドバイザーの野村證券の助言にもとづいて、価格を決定した。

買収発表直後、第一三共社長の庄田隆《しょうだたかし》はメディアとのインタビューで、〈買収価格を判断するうえで、二〇三〇年という時間軸を据《す》えた。人口が増え、経済力が上がる新興国には、市場の躍進的な成長の可能性がある〉
〈確かに、ランバクシーの売り上げ規模だけを見れば、買収価格にはプレミアムがついていると映るかもしれない。だが、高いか安いかの判断は、第一三共とランバクシーが、今後何を生み出していくかによって定まるのではないか〉
〈第一三共の株主の方にとっても十分な価値を生み出せる価格だと考えている〉（注１）
と語った。シナジー（相乗効果）を出せば決して高い買い物ではない、と買収に強い自信を見せた。
だが、シナジーを発揮する前に株価が大暴落。巨額の損失を出した。

欧米の製薬大再編に乗り遅れるな

欧米の製薬業界では、一九九〇年代後半から二〇〇〇年にかけて、国境を越えた大型再編が進んだ。

一九九六年にチバガイキー（スイス）とサンド（同）が合併してノバルティス（現在世界二位）となり、一九九九年にはゼネカ（英）とアストラ（スウェーデン）が合併してアストラゼネカ（英、世界八位）が誕生した。

二〇〇〇年にはグラクソ・ウェルカム（英）とスミスクライン・ビーチャム（英）が合併し、グラクソ・スミスクライン（世界六位）が発足した。

同年にファイザー（米、世界一位）がワーナー・ランバート（米）を吸収。二〇〇三年にはファルマシア（米）を吸収し、さらなる巨大化への道を突っ走る。

欧米の製薬企業が合併を急いだのは、高騰《こうとう》する研究開発費を捻出《ねんしゅつ》するためである。

海外の動きに危機感を抱いたのが、厚生労働省であった。二〇〇二年八月に、一〇年後の医薬品産業のあるべき姿を描いた「医薬品産業ビジョン」を打ち出した。

具体策の一つが「メガファーマ（巨大医薬品メーカー）」。世界に通用する医薬品を数多く有し、世界市場で一定の地位を獲得《かくとく》する総合的な新薬開発企業になることだ。

厚労省のビジョンに即座に反応したのが山之内製薬と藤沢薬品工業であり、次いで三共と第一製薬だった。

厚労省の指針にもとづき、まず二〇〇五年四月一日、山之内製薬と藤沢薬品工業が合併してアステラス製薬が発足した。

見切り発車で誕生した第一三共

三共と第一製薬が経営統合を正式に発表したのは、二〇〇五年二月二五日。アステラス製薬が発足する一ヵ月前だった。アステラスの合併に背中を押されて、見切り発車した感は否《いな》めなかった。

持ち株会社を新たに設立して、両社が傘下《さんか》に入る方式を採用した。

共同持ち株会社の商号は第一三共。代表取締役会長には森田清《もりたきよし》・第一製薬社長、代表取締役社長兼

CEO（最高経営責任者）には庄田隆・三共社長が就く。

対等合併が建て前の両社の統合は、イレギュラーだった。国内二位の三共の二〇〇五年三月期の売上高は五八八〇億円、六位の第一製薬のそれは三二三〇億円の見込みだった。規模は三共が第一の一・八倍である。

ところが株式移転にともない、両社の株主に割り当てられる共同持ち株会社の株式の比率が違った。第一製薬一株に対して持ち株会社株式一・一五九株、三共一株に対して同一株を割り当てた。一般的なM＆Aでは考えられない株式移転比率だった。

アナリストたちは「（三共は）第一製薬側に払いすぎ。第一製薬の株主にとって、じつにハッピーな比率になった」と驚きを隠さなかった。

三共の発行済み株式の二％弱を保有する村上世彰《むらかみよしあき》が率いる投資ファンド、M＆Aコンサルティングは、「三共の既存株主に不利」として経営統合に反対を表明したが、三共の経営陣は押し切った。

経営統合の発表会見でも、株式移転比率について質問が出た。三共社長の庄田は「第一製薬との組み合わせがベストだと判断した」と答えるにとどまり、算出の根拠は明らかにしなかった。

じつは、統合してできる新会社は、トップ人事以外何も決まっていなかった。厚労省に尻《しり》を叩《たた》かれ、両社は急いで統合することになった。三共が社長の椅子を確保する代償として、株式移転比率で第一製薬に譲歩したというのが実情だった。

経営統合（合併）は、経済的な損得勘定で決まる。第一三共のケースは、厚労省に対する配慮を優先したドタバタ劇だった。

二〇〇五年九月二八日、三共と第一製薬が経営統合し、国内第二位の製薬会社が誕生した。

海外売上高比率六〇%をめざす

持ち株会社、第一三共の社長兼CEOに就いたのが庄田隆である。

庄田は一九四八年六月、石川県生まれ。一九七二年東京大学薬学部卒業後、三共に入社。一九九九年海外医薬営業本部長。二〇〇一年に取締役に就任すると、猛スピードで出世の階段を駆け上がり、二〇〇三年六月に社長に就任した。七人抜きの大抜擢《だいばってき》と話題になった。

庄田はスイス・バーゼルなど三共の欧州拠点に九年間在籍し、現地メーカーとの関係強化や原料調達で実績を上げた国際派だ。

庄田が抜擢された理由は「海外」だった。第一製薬と経営統合して企業体力をつけたうえで、海外でも自力で新薬を開発し、販売できる体制をととのえるという構想を立てた。

これは、厚労省が新会社に期待したことでもあった。

完全統合にあたって、第一三共本体は医家向け医薬品に特化することになった。大衆薬は新しくつくる第一三共ヘルスケアに任せる。食品や化学品など非医薬品事業の子会社は売却した。

二〇〇七年四月に、持ち株会社は事業子会社の三共と第一製薬を吸収合併し、持ち株会社から事業会社に移行した。

同年二月一四日、四月からスタートする第一期の中期経営計画を発表した。キーワードは「海外」だった。二〇一五年に向けたビジョンを提示した。海外事業の強化で海外売上高比率を六〇％以上に高め、売上高一兆五〇〇〇億円という高い目標をかかげた。「２０１５年ビジョン」の達成に向けた第一期中期経営計画（二〇〇七年度から〇九年度）は、グローバル化の加速をめざす。二〇〇九年度には海外売上高比率を四〇％以上に引き上げ、売上高は二〇〇六年度より一八〇〇億円増やし九六〇〇億円、売上高営業利益率二五％以上という数値目標を設定した。

三共と第一製薬が統合した狙いの一つは、海外展開にあった。

統合前の三共の海外売上高比率は三七％、第一製薬は二一％にすぎなかった。エーザイ、藤沢薬品工業（現・アステラス製薬）の二社は、五割を海外で稼いでいた。武田薬品工業も四三％に達していた。三共も第一も、明らかに国内偏重《へんちょう》である。

〈アステラスの旧山之内製薬は海外比率が三割程度で、海外が五割を超える旧藤沢との補完関係が高く評価された。それに比べて、第一三共の場合は補完関係がはっきりしなかったため、評価は低かった〉（注２）

主力薬の特許切れをジェネリックでカバーしたい

庄田は第一期中期経営計画を、「２０１５年ビジョン」達成に向けた成長基盤の拡充の期間、と位置づけた。海外事業の拡大のために海外M&Aに軸足を置いた。

庄田を海外M&Aに駆り立てた、もう一つの隠れた理由があった。世界の医薬品市場が転換期を迎えていたことだ。

製薬会社のビジネスモデルは、時代によって変わってくる。売上高が一〇〇〇億円を超える製品は「ブロックバスター」と呼ばれる。製薬会社は、この〝四番打者〟の医薬品を持つことで成長をつづけてきた。

ブロックバスターを自社で開発できなければ、他社から買ってくるか、企業ごと買収するというのが欧米のメガファーマのビジネスモデルだ。

メガファーマへの早道はM&Aだ。一九九〇年代後半から二〇〇〇年代にかけて、M&Aが全盛となった。

ブロックバスターを持っていたとしても、いずれ特許切れで大きく売り上げが減るという〝時限爆弾〟を抱えている。このことを、経営陣はつねに意識していた。

庄田は、その恐怖を身をもって体験した。「メバロチン」である。

血液中のコレステロールが高くなる高脂血症《こうしけつしょう》の治療薬が「メバロチン」。三共が一九八九年に発売した。この薬は四年でブロックバスターに成長し、ピーク時には年商二〇〇〇億円を売り上げるお化け商品となった。

二〇〇二年に日本で特許が切れ、二〇〇六年に米国で特許が切れた。

メバロチンの特許が切れると、怒濤《どとう》のように後発品が登場した。メバロチンの輸出高は、九八三億円から三〇億円に激減した。

ちなみに、メバロチンの二〇〇六年三月期の売り上げは、国内七五二億円、海外六四五億円、その他を含めて一四三二億円だった。

それが二〇〇七年同期決算では、主要医薬品にメバロチンは出てこない。ブロックバスターでなくなったからだ。二〇〇七年のメバロチンの総売り上げは六〇〇億円。ピーク時の三分の一に落ち込んだ。

ブロックバスターの特許が切れる前に、新しい四番打者に育つような新薬を継続的に出せればいいが、たやすいことではない。大型新薬の開発は、千に三つどころか万に一つ以下の成功の確率だといわれている。

そこで目をつけたのが、特許が切れたロングセラー商品を販売しているジェネリック（後発）医薬品メーカーだった。リターンは新薬より明らかに見劣りするが、安定した収益基盤となる。

メバロチンを追い落としたジェネリックの威力を、庄田は身をもって感じていた。だからジェネリック医薬品メーカーに触手を伸ばしたのだ。

インドのジェネリック医薬品大手、ランバクシーを買収した狙いについて、インタビューで、庄田はこう語っている。

〈ランバクシーには、マラリアの薬などわれわれにない開発品もある。さらにアフリカでの販売網は、

世界の製薬会社のなかでもトップクラスだ〉（注3）

庄田は、先進国を中心とした画期《かっき》的な新薬開発に軸足を置いた海外戦略を修正した。ランバクシーの買収によって、先発医薬品とジェネリック医薬品、先進国と新興国を狙う「複眼経営」を標榜《ひょうぼう》した。新興市場が宝の山と映っていたのだろう。

だが、ランバクシーは買収したしょっぱなから巨額損失を出し、「複眼経営」はあっという間に破綻した。

三共系から第一系への社長交代

ランバクシー買収の失敗により、旧三共と旧第一製薬の社内抗争が火を噴いた。

二〇一〇年六月二八日付で、旧三共の庄田隆・代表取締役社長兼CEOが代表取締役会長になり、後任社長に旧第一の中山譲治《なかやまじょうじ》・副社長執行役員 日本カンパニープレジデントが昇格した。旧第一の森田清・代表取締役会長は相談役に退いた。

庄田は第二期中期経営計画（二〇一〇年度から一二年度まで）の期間も続投し、グローバル経営に則した組織をつくり上げることに意欲を燃やしていた。しかし、先頭に立って進めてきたランバクシーの買収に失敗した責任は免れなかった。

後任人事について、会長の森田と庄田の話し合いが持たれた。

庄田は後任に旧三共出身の荻田健《おぎたたけし》・取締役専務執行役員を充《あ》てるつもりだったが、旧第一出身の森田がそれを許さなかった。庄田会長、荻田社長になれば、ツートップを旧三共出身者が独占することになるからだ。

合併会社のトップ人事はたすき掛けがお決まりだ。「第一が会長、三共が社長」だったのだから、次は「三共が会長、第一が社長」が順当である。納まりもいい。

新社長の中山は、現住所は旧第一だが、異色の経歴の持ち主だった。

一九五〇年五月、大阪府生まれ。大阪大学大学院修士課程を修了後、米ノースウエスタン大学大学院でＭＢＡ（経営学修士）を取得した。一九七九年にサントリーに入社。二〇〇〇年に取締役・サントリー生物医学研究所所長となり、医薬事業を率いた。

ところが、サントリーは医薬品事業からの撤退を決め、第一製薬に医薬品事業を譲渡した。それにともない中山は、二〇〇三年にサントリーの取締役を退任し、第一の取締役に転じた。

第一三共発足後は、海外事業を担当してきた。二〇一〇年四月に新しくつくられたポストである日本カンパニーのプレジデントに就くなど、次期社長の候補に挙がっていた。

中山はもともとサントリー出身で、旧第一色は薄い。

中山の実父は中山太郎《たろう》元外相（元衆院議員）。祖父の中山福蔵《ふくぞう》は元参院議員、祖母の中山マサは女性初の閣僚（元厚生相）となった元衆院議員だ。その毛並みのよさが、社長就任を後押しした。

中山・新社長の課題は、ランバクシー問題をどう解決するかである。

「この買収はやるべきではない」――。二〇〇八年、第一三共がランバクシーを買収した際、買収に猛反対した幹部たちがいた。反対したのはいずれも第一の出身者。中山讓治も、そのなかの一人だった。

反対派は「筋《すじ》が悪すぎる」と主張した。

当時、ランバクシーから原薬（医薬品の有効成分）を仕入れていた国内ジェネリック医薬品メーカーは、品質があまりに悪いため、日本で販売できるレベルにまで品質を引き上げるための手間とコストに苦しんでいたからだ。旧第一出身者はこうした情報を把握していた。

中山ら反対派の危惧《きぐ》が的中した。

インドの四工場すべてが米国向け製造販売を禁止される

「現在、品質管理問題でＦＤＡ（米国食品医薬品局）からインド国内の二工場が対米輸出を禁止されているが、これが解決すればランバクシーは（第一三共の業績に）大きく寄与できる」

二〇一〇年六月、新社長に就いた中山讓治はこう語っていた。その中山も、ランバクシーのガバナンス（企業統治）に失敗した。

二〇一三年五月、ランバクシーは米司法省と、刑事・民事合わせて五億ドル（五〇〇億円）を支払うことで合意した。ジェネリック医薬品メーカーによる薬剤安全性関連の和解金の規模としては、過去最高である。

しかし、これにて一件落着とはいかなかった。ＦＤＡの査察の結果、二〇一三年九月に最新鋭のモハリ工場から米国への輸出が禁止された。二〇一四年一月には、原薬を輸出していたトアンサ工場も輸出禁止を言い渡された。

追加の禁輸措置で、事態はむしろ悪化した。二〇〇八年の禁輸措置後もランバクシーが米国で売り上げが伸ばせたのは、トアンサ工場で製造した医薬原料を米国工場で製剤して販売することができたからだ。

インドの四工場は全部、最大の後発薬市場である米国向けの製品をつくれなくなった。

ウォール・ストリート・ジャーナル紙は、トアンサ工場がいかに劣悪《れつあく》な状態であるかを告発した。

二〇一二年にはトアンサ工場で、ガラス片混入により、抗コレステロール薬四八万ボトルの回収騒ぎが発生していた。二〇一四年一月のＦＤＡ報告書では、原料や医薬品の有効成分の試験結果を改竄《かいざん》したと認定された。

〈査察官らによると、工場の研究室は窓が閉まらず、ある部屋には「数えきれない」ほどのハエがいた。従業員らの証言によると、数ヵ月に一度、三日間の安全教育を受けただけで、薬品をどう生産するかについて訓練されていない一時契約社員が製造のほとんどを担っていた。トアンサ工場の保守担当者は実施していない検査を実施したかのように見せるため、空白の書類に署名だけした。彼は「問題があっても生産を止めてはならない」と言われていた〉（注４）

ランバクシー買収で二八〇〇億円を失った

四八八三億円を投じて傘下《さんか》に入れたランバクシーは、相乗効果を出すどころか、重たいお荷物に成り果てた。

第一三共の二〇一四年三月期の連結決算によると、ランバクシーグループの売上高は二二〇五億円、セグメント（営業）利益は一五三億円の赤字となった。

事ここに至って、社長兼ＣＥＯの中山はランバクシーの売却を決断する。インドの製薬大手サン・ファーマシューティカル・インダストリーズ（以下サン・ファーマ）のサングビ社長が、中山にランバクシーの買収を打診したのが発端だった。中山にとって、これは渡りに船の提案だった。

二〇一四年四月七日、第一三共は、インド五位のランバクシーをインド二位の後発医薬品メーカー、サン・ファーマに売却すると発表した。

サン・ファーマが株式交換で吸収合併する方式がとられた。ランバクシーの株主は、持ち株一株と引き換えにサン・ファーマの株式〇・八株を取得する。二〇一五年三月期末までに株式の交換を終える予定だ。

ランバクシーの株式六三・四％の株式を保有していた第一三共は、この取引によってサン・ファーマの株式九％を取得することになった。

第一三共は、ランバクシーを連結決算の対象から外すために、損切りを敢行《かんこう》した。

収支計算をしてみよう。第一三共は、二〇〇八年に四八八三億円でランバクシーを買収した。取得するサン・ファーマ株九％の価値は、二一〇〇億円相当だ。

第一三共は単純計算で二七八三億円を失うことになる。

二〇〇九年三月期におこなった三五四〇億円の減損処理で、ランバクシー株の簿価は買収時の金額の五分の一の九〇〇億円になっているから、二一〇〇億円の価値を新たに生めば、表面上は御の字。

さらにサン・ファーマの株価が昨今、高騰《こうとう》しているので、当初見込んでいた以上の、およそ三〇〇〇億円の株式の交換益が得られそうだという。ほの明かりが見えてきたのだろうか。しかし、そうは問屋が卸《おろ》さない。

〈今回の合併に際し、今年（二〇一四年）一月に禁輸措置を受けたトアンサ工場に関するFDAの召《しょう》喚《かん》状に基づいて発生する費用については、合併後であっても第一三共が支払うという合意がなされている〉（注5）

二〇〇八年の二工場の禁輸事案で、米司法当局に支払った和解金は五〇〇億円にのぼった。報道されたとおりなら、トアンサ工場の問題で、第一三共は今後も巨額な費用を負担しなければならない契約になっていることになる。

中山社長は、ランバクシーの売却を発表した二〇一四年四月七日の会見で、M&A前にランバクシーの問題に気づかなかったかとの質問に、「買収当時の判断は、確認可能だった情報から妥当《だとう》になった」と釈明した。

売り手側がマイナスになる情報や問題を意図的に隠蔽《いんぺい》すれば、お手上げだということを、中山社長の発言は認めているのと同じだ。

売り逃げした創業者一族に損害賠償を請求

ランバクシーが米司法当局に五〇〇億円を支払う事態になったことを受けて、第一三共は二〇一三年五月、ウェブ上で声明を発表した。

「当社は、ランバクシーの特定の以前の株主が、ＤＯＪ（米司法省）およびＦＤＡの調査に関する重要な情報を隠蔽したものと判断」

法的な措置を講じていることを、あわせて明らかにした。

第一三共が争っているのは創業家一族のマルビンダル・シン、シビンダル・シンの兄弟だ。ともに三〇歳代と若い。祖父が創業したランバクシーを第一三共に売却した後は、経営から身を引いている。

ＦＤＡによるランバクシーへの調査は、第一三共が買収する前年の二〇〇七年からはじまっていた。第一三共は買収の際に、ランバクシー側がＦＤＡの調査を受けているという重要な情報を隠していたため損害をこうむったとして、二人に対し損害賠償の支払いを求め、シンガポールの裁判所に調停を求めた。

インドのメディアは、損害賠償問題について次のように報じた。

〈（シン兄弟の）関係者の話として、「契約を締結する前の段階で、当局との関係や調査を受けていることなど、公表する必要のある項目はすべて公表しており、当方に過失はない」と表明、賠償には応

じない姿勢を示している〉（注６）

〈両社が買収の際に締結した契約内容を知る関係者は「第一三共が損害賠償の支払いを受けるのは難しいのではないか」との見方を示す。この関係者によると、両社が締結した買収に関する合意内容には、将来今回のような問題が発生した場合の補償について取り決めた条項が含まれていないという。また、ある法曹関係者も「ランバクシーが調査を受けていたことは当時から公《おおやけ》になっていた事実」とし、「にもかかわらず、第一三共側が不測の事態に備えた条項を契約に盛り込まなかったのは驚くべきこと」との見解を示している〉（注７）

Ｍ＆Ａのプロがアドバイザーについていながら、補償条項を盛り込まなかったとは信じられない話である。

創業者一族はＦＤＡから禁輸措置を受ける直前に、ランバクシーを第一三共に高値で売り抜けて逃げ切った。第一三共にランバクシー株を売却して二四〇〇億円を手にしたシン兄弟は、億万長者になった。

シン兄弟は祖父から受け継いだインドの病院大手「フォルティス・ヘルスケア」を経営している。経営学修士の兄が経営を、数学の博士号を持つ弟が病院のＩＴ化を担当している。

ランバクシーを売却して得たカネで猛烈《もうれつ》な勢いで病院の買収を進め、シン兄弟はインド最大の病院チェーンを展開する「病院王」と称せられているという。

第一三共、というか旧三共の経営陣は、シン兄弟に手玉に取られたわけだ。

買収前のデューデリジェンス、買収後のガバナンスに失敗

一連の事実は、第一三共が海外でのM&Aで力量不足だったことをさらけ出すことになった。

第一三共のM&Aの失敗は、買収する際の「デューデリジェンス（価値査定）」が甘かったことに原因がある、と指摘されている。

デューデリジェンスとはM&Aの際に法務、財務、ビジネス、人事、環境といったさまざまな観点から事前に調査することをいう。その結果は契約に反映され、発見された問題点ごとに補償対象かどうかを決める。

第一三共の財務アドバイザーは野村證券、法務アドバイザーはJones Day（インド国外）とP&A Law Offices（インド国内）、戦略アドバイザーはMehta Partners LLC、会計・税務アドバイザーはErnst & Youngがつとめた。

第一三共社長の庄田は、デューデリジェンスの段階で、ランバクシーがFDAから警告を受けていたことは承知していた。

〈経験豊かな外部機関を入れて解決を図っていたため、（管理体制の問題は）解決されると考えていた。（FDAの）禁輸措置の件は想定していなかった〉（注8）とのちのち、悔《く》やむことになる。

買収後も、第一三共はランバクシーのガバナンス（企業統治）を確立することに失敗した。ランバクシーの品質問題が次々と明らかになっていたのに、庄田は、日本とインドの会社の特質の違いを考慮して「あえて（自ら）ハンドリングしない」としていた。

現地化という美名に隠れて、買収した側がガバナンスを放棄すれば、無法地帯になることは目に見えている。

それでも品質問題で禁輸措置を受けると、経営陣への監督を強化し、ランバクシーのトップの首を何度かすげ替えた。ほかのインド企業から引き抜いた品質管理の専門家数百人を投入したが、問題は悪化するばかりだった。

第一三共レベルで制御できる相手ではなかったということになる。

買収失敗で変化した社内のパワーバランス

第一三共会長の庄田隆は、二〇一四年六月二三日に開催された株主総会後に、相談役に退いた。ランバクシーの売却で、一連の買収に一つの区切りがついたことで、経営責任を取った。

ランバクシー買収は、社内の旧第一製薬側の反対論を抑えて強行したため、庄田への風当たりは強かった。

旧三共の庄田が主導したランバクシー買収の失敗を、旧第一の中山が会社を売却して処理したことで、社内のパワーバランスは、一気に旧第一に傾いた。

売却交渉をおこなったのは社長の中山を筆頭に、財務担当、研究開発担当の取締役だった。いずれも旧第一の出身者である。

二〇一四年四月一日付で発令された人事は「旧三共は冷遇《れいぐう》され、替わって旧第一の幹部が厚遇《こうぐう》された」という、もっぱらの社内評だ。

次期社長候補の下馬評で一歩リードしているのは、この人事で常務執行役員に昇格した第一出身の斎寿明・戦略本部経営戦略部長だ。庄田が次期社長として推した荻田健は、現在は取締役ワクチン事業本部長である。

ランバクシーのM＆A失敗の爪痕《つめあと》は深かった。「2015年ビジョン」の第三期中期経営計画（二〇一三年度から一五年度まで）の達成が反古《ほご》になったからだ。

売上高一兆五〇〇〇億円、海外売上高比率六〇％という高い目標をかかげていたが、ランバクシーが連結対象から外れるため、収益は改善されたが売り上げは落ちる。

二〇一五年三月期の売上高は前期比二〇％減の九〇〇〇億円の見込みで、二〇一四年同期に初めて達成した一兆円（一兆一一八二億円）を大きく割り込む。ランバクシーを二〇一四年一二月末で連結対象から外したからだ。

二〇一六年三月期はランバクシーの売り上げ（二二〇〇億円）がすべてなくなる。二〇一四年三月期に海外売上高比率は五〇％を超えていたが、この比率も落ちる。

新たな挑戦、もう失敗は許されない

第一三共は二〇一四年九月、抗ガン剤に強みを持つ米バイオベンチャー、アンビットバイオサイエンシス（カリフォルニア州）を三四〇億円で買収すると発表した。アンビットが欧米で最終段階の臨床試験を進めている、急性骨髄《こつずい》性白血病の治療薬を獲得するのが狙いだ。ランバクシーが連結対象から外れた分の穴埋めだ。手っ取り早い方法で海外売上高比率を高めることに対する反省を、きちんとしたのだろうか。

第一三共は「複眼経営」の挫折で、新興国市場から先進国での新薬創出に回帰するしかなくなった。成長のスピードは落ちることになる。

教訓▼買収後の経営に汗をかくことが肝要

海外のＭ＆Ａで最悪といわれている。デューデリジェンス（価値査定）が甘かった。査定結果は契約内容に反映される。問題点が発見されれば買収価格は下がる。損失が生じた場合の補《ほ》塡《てん》が契約に盛り込まれる。

だが、第一三共は不測の事態に備えた条項を契約に盛り込まなかった。買収したランバクシーが、米国市場から締め出される最悪の事態を想定していなかった。性善説に立った日本企業のお人好しぶり。思いもよらぬ落とし穴に足をすくわれた。

インドで生産拠点を構築することに成功したエーザイのトップに、第一三共の幹部がインドでのガバナンスやマネジメントについて教えを請《こ》うたことがある。その答えは、「現地の人材をリクルートして、手間をかけて日本品質とはこうなのだと教え込む」というものだった。

第一三共は、時間と手間をカネで買い、ランバクシーという上場企業を傘下におさめたから、この着実な手法は使わなかった。使えなかったといっていいかもしれない。

合併会社、第一三共の初代社長の庄田隆は、日本とインドでは経営の手法が違うと考え「あえて（自分たちで）ハンドリングしない」と決断。ランバクシー側に経営を丸投げした。だからランバクシーの宿痾《しゅくあ》だった品質管理問題を洗い直すことができず、泥沼にはまってしまった。

グローバル化が合言葉の日本企業が、経営の現地化という名の無責任体制を取るとどうなるかという生きた教材を、第一三共は提供した。

ランバクシーの経営者、シン兄弟は、会社をいちばん高く買ってくれた第一三共の恩を仇《あだ》で返したのである。

第9章　キリン――M＆Aで売上高達成の目論見ならず

▼ブラジルのビール会社スキンカリオール社の買収

三〇〇〇億円に跳ね上がった買収額

二〇一一年八月二日、キリンホールディングス（HD）は、ブラジルビール二位のスキンカリオール社の持ち株会社であるアレアドリ社を約二〇〇〇億円で買収した。

これが、ブラジルでの悪夢のはじまりとなった。

スキンカリオール社（以下スキン社）の株式は、創業家の孫がそれぞれ経営するアレアドリ社（以下ア社、持ち株比率五〇・四五％）とジャダンジル社（以下ジ社、同四九・五五％）の二社が保有していた。

キリンはア社が持つ全株式を取得して、スキン社の子会社化を試みた。ところがジ社は、事前承諾なしにキリンへ株式を譲渡したのは株主条項違反だとして、サンパウロ州イトゥー市裁判所に買収の無効を求める仮請求をおこなった。

創業家間の争いのトバッチリで、キリンはいきなり法廷闘争に巻き込まれたのだ。

イトゥー市裁判所は八月四日、ジ社の仮処分申請を認めた。キリンはただちに上級審であるサンパウロ州裁判所に上告した。

一〇月一一日、サンパウロ州裁判所は、一転、ジ社の申し立てを却下する判決を下した。

一一月四日、キリンはジ社から、スキン社の株式の四九・五五％を約一〇〇〇億円で買い取った。創業家一族のア社とジ社から全株を取得したことで、訴訟は終結。キリンはスキンカリオール社を完全子会社にした。

本来は、スキン社の負債の半分を継承することを含めて、買収額は約二〇〇〇億円のはずだった。これが一・五倍の約三〇〇〇億円に跳《は》ね上がった。現地で裁判沙汰《ざた》になるなど、滑り出しから誤算つづきの買収劇となった。

創業一族の争いを知らなかったのはキリンだけ

スキンカリオール社（本社：ブラジル・サンパウロ州イトゥー市）は、一九八三年に設立された新興のビール・炭酸飲料メーカーである。

二〇〇〇年代に入ると急成長を遂げた。「ノヴァ・スキン」「デバッサ・ベムローラ」などのブランドを持つ、ブラジル第二位のビール会社となり、一三の生産工場を擁《よう》し、一万人の従業員が働いていた。

スキン社の二〇一〇年一二月期の連結売上高（酒税抜き）は一四三七億円、総資産は二二四七億円、連結EBITDA（利払い・納税・償却前利益の略）は二五六億円である。

EBITDA倍率は、買収費用をその企業のキャッシュフローでまかなうのに何年かかるかを示す指標として使われる。この倍率が低いほど割安ということになる。一般に、買収価格はEBITDAの五〜一〇倍が相場といわれている。

ところが、キリンはスキン社の買収に同一二倍に相当する資金を投じたことになる。明らかに高い買い物になった。

そもそもスキン社の経営をめぐる争いは、業界では有名な話だった。知らぬはキリンばかりなり、だった。

ブラジル日本商工会議所のデイリー経済情報（二〇一一年八月三日付）を要約するとこうだ。

ア社は、アドリアーノ最高経営責任者（CEO）並びにアレシャンドレ・スキンカリオール兄弟が所有していた。一方、ジ社は、従兄弟にあたるジルベルト氏並びにジョゼ・アウグスト・スキンカリオール氏が所有していた。ジ社側は、ア社から株式の取得を望んでいた。

アドリアーノCEOは臨時経営審議会を招集して説明を試みたが、創業一族の中でキリンの買収に反対するジ社側は、アドリアーノCEOが事前の承諾なしにキリンへの株式譲渡をきめたことに不満を隠さず、自分たちへの株式譲渡に優先権があると主張して、法廷で争うと表明した。

ジ社側はキリンへの買収が決まる直前に、ア社側の持ち株を購入するための資金を調達すべく、投資ファンドや社会経済開発銀行から資金を調達しようとしていた。(注1)

キリンは、創業一族の骨肉の争いに巻き込まれ、〝火中の栗〟を拾ってしまったわけだ。買収に反対するジ社側を説得しなければ、問題は解決しない。

キリンは「(創業家に争いがあることは)わかっていたが、ここまでこじれるとは想定していなかった」とこぼすことになる。買収のアクションを起こす前の、事前の調査が万全ではなかったということだ。

スキン社買収評価されず、株価も急落

投資アナリストたちは、スキン社そのものの企業価値に首を傾げた。

「スキン社はブラジルのビール市場でたしかに二位だが、シェアは一一・二%にすぎない(二〇一一年八月二日付、ブラジルメディアのエスタード紙)」(注2)。

一位のアンハイザー・ブッシュ・インベブ傘下《さんか》のABインベブ社が、六九%と圧倒的なシェアを握る。アンハイザー・ブッシュは米国の「バドワイザー」、ベルギーの「ヒューガルデン」などの有名銘柄《めいがら》を多数保有する世界最大のビールメーカーだ。

ブラジルのビール市場ではABインベブ社がガリバーなのである。

「圧倒的な差があるなか、シェア維持のために多額の投資をしてきたが、自力での投資はもはや限

界」となり、これが、ア社側がスキン社の売却に踏み切った隠された理由だった。

スキン社から買収の話を持ちかけられたのは、キリンだけではない。南アフリカの資本グループのSABミラー社やオランダ資本のハイネケン社など、大手の海外ビールメーカーにも話は持ち込まれていた。

経済専門誌のウェブ版によると、〈「買収無効を訴えたいわくつきの創業家の少数株主の問題に加えて、シェアが低下していることを嫌って手を出さなかった」（投資銀行関係者）〉

日本でも、同じ話がきたライバルのアサヒグループホールディングス（アサヒビール）は、〈「利益があがっていない」（幹部）ことなどを理由に買収には動かなかった〉（注3）

「なぜ、ブラジルなのか」

アジア、オセアニア市場に力を入れていたキリンがブラジルに進出したことに、当初から驚きの声があった。

米国、欧州、日本のビールの消費量は減少しているが、中国などの新興国やブラジルでは市場拡大が約束されている。

ブラジルのビール消費量は中国、米国に次ぐ世界第三位。ビール大国なのである。ブラジル市場に対してキリンは、今後の消費拡大が期待できるという甘い読みをした。

しかし、キリンのM＆A先で、もっとも評価が低かったのがスキン社だった。それまでのアジア・オセアニアを中心とした戦略から外れ、唐突にブラジル市場に進出することに投資家やアナリストは不信の目を向けた。

キリンの株価は急落。一時、時価総額は一兆一〇〇〇億円から九〇〇〇億円となり、二〇〇〇億円も目減りした。ちなみに二〇一五年一月末時点の時価総額は一兆五〇〇〇億円台だ。

一年後の二〇一二年一一月、スキンカリオールの社名を「ブラジルキリン」に変更した。キリングループであることを内外にアピールするためだ。

しかし、社名変更は自己満足の域を出なかった。キリンは、ブラジルでの知名度がほとんどなかったからだ。

海外M&Aで売上高三兆円をめざす

「あのときの悔しさは一日たりとも忘れたことはない」

二〇〇六年三月、キリンの社長に就いた加藤壹康《かとうかずやす》が就任会見で発した言葉だ。「スーパードライ」で空前の大ヒットを飛ばしたアサヒビールに業界首位の座を明け渡した二〇〇一年を振り返り、シェアの再逆転に強い決意を示した。

加藤は慶應義塾大学商学部卒。一九六八年にキリンビールに入社。一貫して営業畑を歩いた。

当時、キリンのビールのシェアは一九六六年に五〇%を超え、独占禁止法による会社分割を気にしなければいけないほどの圧倒的な存在だった。地方では、お客である酒の卸《おろし》問屋が、ビールを回してもらうためにキリンの営業マンをクルマで送迎するなど、〝殿様商売〟がまかり通っていた時代だ。

キリンの黄金時代に育った加藤にとって、アサヒにトップの座を奪われたのは屈辱《くつじょく》以外の何物でもなかった。

加藤は米マサチューセッツ工科大学（ＭＩＴ）に留学、米国現地法人の社長をつとめた国際派だ。復活のキーワードは「海外」。これまでの国内だけの事業では成長に限界があるとして、海外市場を業界首位奪還《だっかん》の突破口としたのである。

二〇〇六年五月、長期経営計画「キリン・グループ・ビジョン２０１５（略称ＫＶ２０１５）」を打ち出した。二〇一五年に「売上高三兆円、営業利益二五〇〇億円以上、売上高営業利益率八％以上」の目標をかかげた。

売上高の海外比率を三〇％にまで高めるために、海外でのＭ＆Ａに注力する。二〇〇五年一二月期の海外売り上げ比率は一三・六％だった。

ＫＶ２０１５を実現するために、二〇〇七年七月に持ち株会社体制に移行。キリンＨＤの初代社長に就任し加藤は、積極的なＭ＆Ａを仕掛けていく。

二〇〇七年から二〇一一年のブラジルのスキン社の買収まで、海外のＭ＆Ａの投資総額は一兆円を超えた。

アジア・オセアニアでは快進撃

加藤が「非連続の成長」と名付けたＭ＆Ａで、重点市場と位置づけたのがアジア・オセアニア地域であった。

二〇〇七年一二月、オーストラリアの乳製品・果汁飲料のナショナルフーズ社（現・ライオンデアリーアンドドリンクス社）を二九四〇億円で買収した。二〇〇八年八月には、豪州の子会社を通じて、同国第二位の乳事業会社デアリーファーマーズを八四〇億円で獲得《かくとく》した。

二〇〇八年一一月には豪子会社を通じて、豪清涼飲料大手のコカ・コーラ・アマティルに対して四八八〇億円で買収する提案をしたが、二〇〇九年二月、相手側が拒否したため断念した。

二〇〇九年四月、豪ビール第二位のライオンネイサン社を、二三〇〇億円を投じて完全子会社にした。

同年五月にはフィリピンのビール最大手サンミゲルビールに一三一六億円出資し、五〇％弱の株式を取得する一方、保有していた親会社、サンミゲルの株式を七九二億円で売却した。

二〇〇八年秋のリーマンショックに見舞われるまで、世界のビールメーカーは再編に沸き立っていた。二〇〇八年、ベルギー資本のインベブ社が米国資本のアンハイザー・ブッシュ社を買収して、世界最大のビールメーカーＡＢインベブ社が誕生した。

その熱気に押されるかのように、加藤は怒濤《どとう》の勢いでＭ＆Ａを展開。「ミスターＭ＆Ａ」と呼ばれるようになった。この時点で、キリンは海外展開で他社を大きくリードした。

サントリーとの経営統合に隠された意図

二〇〇九年七月、サントリーホールディングス（ＨＤ）との経営統合交渉が明らかになり、長期経営計画「ＫＶ２０１５」の達成が現実味を帯びていた。合併すれば、三兆八〇〇〇億円強の巨大企業となり、米ペプシコに迫る世界第五位の酒類・食品メーカーが誕生する。

統合交渉はキリンの加藤壹康、サントリーの佐治信忠《さじのぶただ》の両社長のトップ会談ではじまった。二人とも慶應義塾大学の出身だ。業界団体で顔を合わせた際に、佐治のほうから声をかけ、二〇〇八年の年明けに都内の日本料理店で昼飯を共にしたのが発端だ。

三菱グループのエリート集団であるキリンと、創業家一族の会社であるサントリーの企業体質とは水と油だった。結局、二〇一〇年二月、統合交渉は打ち切られた。

統合比率と、サントリーの株式の八九・三二％を持つ寿不動産の扱いで、両社は合意できなかった。寿不動産はサントリーの創業家の鳥井《とりい》・佐治一族の資産管理会社である。統合後の新会社で、寿不動産に三分の一以上の株式を持たせるかどうかをめぐって、鋭く対立した。

三三・三三％超の議決権比率を持つと、経営上の拒否権を握ることができる。会社の定款《ていかん》の変更、合併、株式交換、株式移転、減資などの重要事項は、株主総会で三分の二以上の賛成が必要となる。

ということは、三分の一以上の議決権を持っていれば、経営上の重要な事項に対して「ノー」と言えるわけだ。キリンとサントリーの統合交渉では、この三三・三三％超が争点になった。

サントリー側が提示した統合比率「（キリン）一対（サントリー）〇・九」だと、新会社における寿不動産の株式保有比率は四二・三％になり、三分の一を優に超える。寿不動産は絶対的な拒否権を握ることになる。

他方、キリン側の提案の「（キリン）一対（サントリー）〇・五」の統合比率だと、寿不動産の持ち株が新会社の株式に占める割合は二九・八％となり、三分の一に達しない。寿不動産は経営上の重要事項に対する拒否権を失う。

サントリー側が提示した統合比率でも、表面上はキリンによるサントリー買収に映る。だが、その実態は、寿不動産が新会社の断トツの大株主となり、鳥井家と佐治家がキリンを実効支配することを意味する。

キリンにしてみれば、庇《ひさし》を貸して母屋《おもや》を取られる格好になる。

「小が大を呑《の》む謀略ではないか」

キリンは三菱グループの有力企業だが、三菱グループの社長会である「金曜会」の長老が統合反対の狼煙《のろし》をあげたのは、当然のなりゆきだった。

「加藤を佐治のパペット（操り人形）にさせないぞ」が「金曜会」の合言葉になったという。

カネで片付くと情況を読み誤った「ミスターM＆A」が失脚

加藤がサントリーとの統合に前のめりになった理由は何だったのだろうか。

「ＫＶ２０１５」でかかげた売上高三兆円は大風呂敷と叩《たた》かれていたが、サントリーとの統合が実現すれば、早期達成が可能になる。世界第五位の酒類・食品メーカーのトップの椅子が加藤の目の前にちらついたとしても、不思議ではない。

Ｍ＆Ａのプロを自負する加藤は、読みを誤った。

サントリー社長の佐治はキリンとの経営統合を望んでおり、最終局面では条件闘争になると踏んでいた。Ｍ＆Ａの場数を踏んできた加藤は、最後は買収される側（ここではサントリーを指す）の株主に支払うカネの多寡《たか》で片付くと考えていた。

だが、この判断は根本的に間違っていた。同族会社のオーナーの本性《ほんしょう》が全然わかっていなかったのだ。

〈佐治信忠が狙っていたのは、新会社の持ち株比率三分の一以上を手に入れてキリンを乗っ取ることだった〉。〈破談になった原因を佐治は「統合比率」と明快に答えた。「当然、三分の一を超える。そうでなければ最初から交渉していない」と言い切った〉（注４）

オーナー経営者の佐治とサラリーマン社長の加藤では、勝負にならなかったのだ。そもそも両者は、まったく違う人種なのである。

キリンとサントリーの攻防については拙著『デフレ経営者』（静山社文庫）を参照していただきたい。

大株主である三菱グループの信頼を失った加藤は、統合交渉の破談を発表したわずか二日後の二〇一〇年二月一〇日に、社長を辞任すると表明した。三月二六日の株主総会で、代表権のない会長に退いた。事実上の引責辞任である。その後、相談役となり完全に引退した。
「ミスターM&A」は、得意のM&Aで足をすくわれ失脚したのである。
サントリーとの統合の失敗で「KV2015」は空中分解。キリンに長期低迷をもたらす分水嶺《ぶんすいれい》となった。

高値づかみのツケで相次ぐ減損処理

キリンHDの後任社長には三宅占二《みやけせんじ》が就任した。慶應義塾大学経済学部を卒業して、一九七〇年四月にキリンビールに入社。一九九三年一月には、オランダ系資本との合弁会社ハイネケン・ジャパン社の副社長に就いた。

営業、マーケティング畑を歩き、二〇〇七年七月に持ち株会社体制への移行にともない、事業会社、キリンビールの社長になる。そして二〇一〇年三月、持ち株会社キリンHDの社長に昇格する。

加藤が降板したため急遽《きゅうきょ》、登板した三宅も、M&Aによって海外市場を攻略する路線を継承した。

「KV2015」の第一ステージ（二〇〇七年から〇九年までの三ヵ年中期計画）ではアジア・オセアニアのリーディングカンパニーをめざすことを目標としてかかげ、同エリアを中心にM&Aを推進してきた。

第二ステージ（二〇一〇年から一二年までの三ヵ年中期計画）では、さらなる成長に向け、新たな市場での事業展開を探索してきた。その具体例がブラジルのビールメーカー、スキン社の買収だった。

ブラジルのビール・清涼飲料市場は、それぞれ三兆円近くの市場規模がある大市場だ。人口の増加や個人所得の増加にともなう経済発展を背景に、安定的な成長が見込める有望市場である。キリンがブラジルに進出した理由も、まさにこれだった。

しかし、キリンの場合は「高値づかみ」という拙《つたな》い結果に終わった。

キリンの海外M＆A戦略に赤信号がともったのは、二〇一二年一二月期決算である。二〇〇九年に豪ビール二位のライオンネイサン社（現・ライオン社）につづいて、二〇一一年にスキン社（現・ブラジルキリン社）を完全子会社にした際の〝高値づかみ〟のツケが回ってきたのだ。

高値での買収によって、ブランドなどの無形資産や買収先企業の保有資産と買収価格の差額である「のれん」代が膨張《ぼうちょう》したのだ。

ライオン社では、「のれん」とブランドの償却で減損処理を余儀《よぎ》なくされた。完全子会社の初年度にあたる二〇一〇年一二月期決算で三三〇億円、二〇一一年同期は三五一億円、二〇一二年同期は二九〇億円、二〇一三年同期は三四五億円を減損処理した。

四年間の合計で、一三一六億円になった。二三〇〇億円を投じて完全子会社にしたが、じつに高い買い物になった。

ブラジルキリン社も同様だ。完全子会社にした初年度にあたる一二年一二月期には、七六億円を減損処理した。

海外拡大路線から国内営業に方針転換

第三ステージ（二〇一三年から一五年までの三ヵ年計画）を前にした二〇一二年一〇月一五日、三宅は新たに「KV2021」を打ち出した。

「KV2015」は「二〇一五年までに売上高三兆円」という大きな目標をかかげてきたが、達成は難しいと判断。これから三年間は「国内で総合飲料をふたたび成長軌道に乗せることが最大の課題になる」とした。今後稼ぐフリーキャッシュフロー（現金）は、M&Aよりも株主に還元すると方針を転換した。

「KV2015」路線の破綻《はたん》宣言である。海外でのM&Aを一時中断して、国内に舵《かじ》を切った。

三宅はメディアとのインタビューで、「KV2015」の数値目標について〈「こんなことどうやってやるのか」とびっくりした〉（注5）と本音をポロリと洩《も》らしている。「KV2015」を達成するためにブラジルのスキン社を買収したことを、内心では後悔《こうかい》しているのだろうか。

ブラジルW杯商戦で完敗

売上高目標三兆円には遠くおよばなかったが、皮肉にも「海外売上高比率三〇%」は前倒しで達成した。二〇一三年一二月期決算を見ると、連結売上高二兆二五四五億円に対して、海外売上高は六八五二億円。海外売上高比率はジャスト三〇%になった。

売り上げはともかくも、海外事業の成果はとぼしい。

ブラジルキリン社は完全子会社になって二年目にあたる二〇一三年一二月期決算で、売上高は対前年比二〇％増の一七八三億円をあげた。しかし、八四億円の「のれん」代の償却に追われて、営業利益はわずか三億円にとどまった。前年の五二億円から大幅な減益決算となった。

ライバルメーカーの凄《すさ》まじい安値競争に巻き込まれ、販売促進費用が想定以上にかかった。二位メーカーのブラジルキリン社に、ガリバー企業であるABインベブ社と全面戦争できる企業体力はなかった。

このブラジルキリンに、巻き返しをはかる好機が訪れた。二〇一四年六月一二日から七月一三日にかけて、ブラジルで開催されたサッカーの世界大会、第二〇回FIFAワールドカップ（W杯）である。

ワールドカップ開幕直前、キリンは「サッカー日本代表オフィシャルパートナー」として、日本サッカー協会と二〇一五年四月から八年間の契約を更新した。

契約更新で、キリンはスポンサーからパートナーへ変わった。後方支援ではなくサポーターと一緒になって応援する、というわけだ。キリンのサッカーにかける意気込みは、並々ならぬものがあった。

東京のヘッドクォーター（本社）は、W杯は、サッカーとビールが大好きなブラジル国民に「KIRIN　ICHIBAN」のブランドを広めるチャンスととらえた。

しかし、ブラジルキリンのW杯商戦は不発に終わった。ブラジルキリン社の二〇一四年一～六月期の売り上げは、前年同期比五％増の八八三億円、「のれん」償却後の営業利益は三九億円の赤字に転落した。

ＦＩＦＡワールドカップにともなう各社の売り込み競争が激化し、販売数量が減少。計画を達成できなかった。断トツのシェアを誇るＡＢインベブ社に太刀《たち》打ちできず、ここでも完敗した。

そのため、ブラジルキリンの二〇一四年一二月期決算は、ビールの販売が前年比一〇・一％落ち込んだ。値上げにより、売上高は前年比一・〇％増の三九八七億円と、横這《よこば》いをようやく保ったものの、「のれん」代償却後の営業利益は三一億円にとどまった。年初には一一九億円の営業利益を計画していたが、Ｗ杯商戦の完敗が響き、大きく下振れした。

キリンはＷ杯サッカー日本代表の公式スポンサーになり、国内でも躍動感あふれる選手の姿をあしらった「サッカー日本代表応援缶」や「一番搾《しぼ》り　日本代表応援スペシャルセット」を発売した。

ここでも日本代表チームが早々と予選で敗退し、国内販売への効果はほとんどなかった。

サントリーにも抜かれ、業界一人負けのキリン

キリンは売上高三兆円という目標に向かって海外でのＭ＆Ａに突き進んできたが、国内の対応は後手後手に回った。

婚約が破談してから五年。サントリーＨＤとキリンＨＤの立場が逆転した。

サントリーＨＤが、売上高で首位だったキリンＨＤを抜いたのである。サントリーが持ち株会社制になった二〇〇九年以来、初めて首位に躍り出た。

二〇一四年一二月期の連結決算（日本基準）はキリンの一人負けだった。

売上高は前年比二・六％減の二兆一九五七億円、純利益は六二・二％減の三二三億円。

キリンは販売数量に占める発泡酒、第三のビールの割合が六五％と高く（アサヒは三五％）、その九割以上は家庭向けである。アイドルグループの嵐をメインキャラクターに起用して、なりふり構わぬ売り込みをやった結果、主力ビールの「一番搾り」の販売数量は、なんとかプラスになったが、第三のビールは一一％減った。

消費増税後の落ち込みは家庭のほうが大きく、これがキリンの業績を直撃した。

サントリーＨＤの二〇一四年一二月期（同）の連結売上高は、前年比二〇・三％増の二兆四五五二億円。キリンを二五九五億円上回り、初めて国内食品メーカーの首位に立った。

二〇一四年五月に米ウイスキー大手、ビーム社を買収したことが寄与したほか、第三のビール「金麦」が好調だった。ビーム社の買収費用が計上され、純利益は八〇・四％減の三八三億円となった。大幅な減益決算にもかかわらず、純利益でもキリンを上回った。

一方、アサヒグループホールディングスの二〇一四年一二月期（同）の連結売上高は前年比四・二％増の一兆七八五四億円、純利益は一一・九％増の六九一億円と過去最高を更新した。

高級ビール「ドライプレミアム」が好調で、ＮＨＫの朝の連続テレビ小説『マッサン』効果でウイスキーも伸びた。『マッサン』は、ニッカウヰスキーの創業者竹鶴政孝《たけつるまさたか》と英国人妻リタをモデルにしたもので、コンスタントに二〇％台の視聴率をキープした。

増収増益のアサヒと減収減益のキリン。純利益でキリンはアサヒに大差をつけられ、サントリーにも抜かれて第三位に転落した。

二〇一四年（暦年）のビール類（ビール、発泡酒、第三のビール）の各社別シェアは、アサヒが前年比を〇・六ポイント伸ばし三八・二％と五年連続の首位。サントリー（一五・四％）、サッポロ（一二・三％）もシェアをアップしたが、キリンだけは一・六ポイント減の三三・二％だった。三三・二％という数字は過去最低。ワースト記録を塗り替えた。

キリンの不振は二〇一四年五〜七月の販売低迷による。サッカー日本代表のスポンサーとして日本W杯キャンペーンを軸に、消費税率引き上げ後の消費減速をカバーする戦略だったが、空振り三振に終わった。業務用のビール系飲料の大口納入先である居酒屋を、次々とライバル会社に奪われるという惨状《さんじょう》を呈《てい》した。

二〇〇九年にビール類のシェアでアサヒを抜いたものの、二〇一〇年にアサヒにシェアトップを奪《うば》われてからは、徐々に水をあけられている。

海外M＆Aに突出した「KV２０１５」は無惨《むざん》な結果に終わった。

HD社長とキリンビール社長がキリン低迷の元凶

「キリンのガンはHD社長の三宅占二だ。彼が低迷の元凶《げんきょう》である」との声が社内外から聞こえてくる。

広報の幹部が「あれはダメです」と言っているのだから、驚きだ。

ＨＤは、本来はグループ全体の経営に特化すべきなのに、事業会社であるキリンビールの広報・マーケティング戦略まで三宅が決めている。

二〇一二年にキリンビールから松沢幸一《まつざわこういち》社長を追い出し、三宅の独裁体制が確立した。いまの磯崎功典《いそざきよしのり》キリンビール社長は存在感ゼロ。ＨＤが広報マーケティング戦略を決めるので、事業会社はビールをつくる製造工場に成り下がっている。

海外でのＭ＆Ａから撤退して、国内に回帰する方針が正しいにしろ、これではダメである。国内市場では事業会社が全面に出なければ闘えない。

三宅のマーケティング戦略が当たっていればまだしも、第三のビールに偏りすぎた。飲食店は、一般的に第三のビールは出さない。それで飲食店がキリンから他メーカーへ流れ、飲食部門のキリンのシェアが低下した。

プレミアムビールの展開も遅すぎたというか、「一番搾り」をプレミアムとして認知させようとすることも中途半端になってしまった。「一番搾り」に力を入れるため、「ラガー」がおろそかになってしまっている。

つまるところ、キリンの敗戦の原因は人（二人のＡ級戦犯）に行き着くのである。

教訓▼急いては事をし損じる

新市場の開拓には買収（M&A）は早道だ。成長市場でライバルに先んじるために会社を買うのだから、多少の高値づかみはやむを得ない。

ポイントは、多額の資金を投じて手に入れた会社（＝資産）が目論見《もくろみ》どおりに利益を生み出すかどうかにかかっている。

ブラジル第二のビール会社スキンカリオール社は、キリンが数多く手がけてきたM&Aのなかでも、高値づかみの典型的な失敗例となった。これでキリンは売上高でもサントリーに抜かれ、業界首位の座をすべり落ちた。

キリンHD二代目社長の三宅占二がスキンカリオール社を手に入れるという最悪の決断をした。三宅のワンマン体制が、国内のビール市場でシェアを落とす元凶になっているとの厳しい指摘もある。

三宅は二〇一五年三月末の株主総会後に、代表権のない会長に退く。後任社長は傘下の事業会社、キリンビール社長の磯崎功典が就任した。

磯崎は中間持ち株会社で、国内飲料事業を総括するキリンの社長を兼務し、「一人負け」の状態からの脱却をはかる。三宅は代表権のない会長になるのだから、事実上の引責辞任である。

M&Aに焦《あせ》りは禁物。入念な市場調査と、買おうとしている企業の中身の徹底的なチェック

（デューデリジェンス）が欠かせない。

海外のビール大手は、信用度、経営陣の問題点、資産内容などを細かく洗い出して、スキン社を買収しないことを決めている。企業を品定めする眼力《がんりき》が、キリンのトップにはなかった。

あとがき

企業の売り買いでは、「売り手にリスクはないが、買い手に高いリスクがともなう」。買い手は三〇%程度のプレミアム（割増金）を支払う。売り手は高いプレミアムを受け取って撤退する。

インドの後発薬メーカーのオーナーの兄弟は、第一三共に超高値で会社を売って大富豪になった。いまでは「病院王」の名声をほしいままにしている。M&Aは、売り手がボロ儲けできるのである。

一方、日本企業は買うことのリスクをさほど気にしない。儲けるために買うつもりでいる。だから海外の企業を買うのが大好きだ。半面、傘下《さんか》の企業を売ることを厭《いと》う。切羽《せっぱ》詰まって、どうしようもなくなってから、ようやく売る。儲けるために売るようなことは、考えもしない。

米国では、企業をつくって売るビジネスが日常的におこなわれている。日本のベンチャー企業の経営者が、この手法を取り入れるようになったのは、最近のこと。半世紀もたっていない。大半は、手塩にかけて育てた企業を売るのはけしからんことだと考えている。

「売って儲ける」というM&Aの成功体験が、決定的に不足している。このことが、中身はボロボロなのに、表面だけつくろい、厚化粧した会社を買わされてホゾを嚙《か》む根本的な原因になっている。

M＆Aの心得《こころえ》は、「売り上げよりも利益を重視して買え」ということだ。

本書では、海外M＆Aにひそむ罠《わな》として、「のれん」代の問題を再三取り上げている。大型案件の場合、「のれん」代の計上と償却負担は巨額にのぼり、買収した側の企業の業績に大きな影響を及ぼすことを、具体例をあげて指摘した。

IFRS（国際会計基準）を導入すれば、当面、「のれん」代の償却負担を避けることができるが、より大きな減損リスクが横たわっていることを忘れてはいけない。数千億円単位の大金をはたいたのに、何のために買収したのか、まったくわからない結果になりかねない。

「のれん」代がふくらむ失敗は、売り上げを重視して買った場合に共通している。売り上げが伸びさえすれば、利益は後からついてくると安易に考えて、買収に乗り出す。当然、「のれん」代は大きなものになる。

利益を重視して買収すると、「のれん」代は低く抑えることができ、買収後の影響を最小限に食い止めることができるのである。

日本企業にとって、海外進出の必要性はますます高まっている。高齢化、少子化が進む国内市場が大きく成長することは考えられないからだ。海外に活路を求めるしかない。

二〇一五年一～三月には日本企業のM＆Aの総額が四兆円に達し、九年ぶりに四半期ベースの最高を更新した。上場企業の手元資金は九八兆円と過去最高水準にあることから、成長投資に資金を活用する事例が広がっている、と三月上旬に『日本経済新聞』が一面トップで報じた。危険水域に入った。いつか来た道。犠牲者《ぎせい》はすぐに、また出る。

本書では日本企業がおこなったクロスボーダーM&Aの九例を取り上げ、人物（経営者）に則して徹底的に分析した。

欧米のM&Aのルールを熟知していないと見抜かれ、被買収企業の経営者になめられたり、仲介者やコンサルタント、はたまた新たに雇った経営幹部に法外な報酬《ほうしゅう》だけを巻き上げられるケースが後を絶たない。日本の企業はこうした失敗を恥ずかしいことだと考え、不祥事は極力、表に出ないように隠蔽《いんぺい》する。経営トップの保身がM&Aの失敗を泥沼状態にしてきた。

過去の失敗を教訓として、そこから何を学び、どうやって成功に導くのか。バラ色の未来像を描くのは、気休め以外の何物でもないことを肝《きも》に銘《めい》じておきたい。

私事にわたるが、二〇一四年一一月五日、前立腺ガンの執刀を日本医科大学の近藤幸尋教授にお願いした。手術ロボット・ダヴィンチを駆使した近藤チームのお陰で、生還することができた。付属病院の東館四階のナースステーションの看護師、宮崎史江さんにも助けられた。

これからも一作一作、心を込めて書いていくつもりだ。

有森《ありもり》 隆《たかし》

（注4）出原洋三「買収雑感」（大阪ロータリークラブでの卓話・2006年10月27日）
（注5）（注6）「日本板硝子・出原会長に聞く『外国人社長を任命したが、監視をするのは日本人です』」（週刊東洋経済2008年6月14日号）

■第8章　第一三共

（注1）（注3）週刊ダイヤモンド2008年6月28日号
（注2）西島幸夫『医薬品業界　再編地図』（ぱる出版）
（注4）ウォール・ストリート・ジャーナル日本語版2014年4月8日付
（注5）東洋経済オンライン2014年4月9日付
（注6）（注7）インドニュース日本語版2013年11月11日付、11月29日付
（注8）週刊ダイヤモンド2009年4月25日号

■第9章　キリン

（注1）（注2）ブラジル日本商工会議所のデイリー経済情報2011年8月3日付
（注3）ダイヤモンドオンライン2011年11月11日付
（注4）有森隆『デフレ経営者』（静山社文庫）
（注5）「三宅占二・キリンホールディングス、ロングインタビュー」（デイリー・ダイヤモンド2013年7月30日付）